120 jogos e percursos de psicomotricidade

Dados Internacionais de Catalogação na Publicação (CIP)
(Câmara Brasileira do Livro, SP, Brasil)

Paesani, Giovanna
    120 jogos e percursos de psicomotricidade : crianças em movimento / Giovanna Paesani ; tradução de João Batista Kreuch. – Petrópolis, RJ : Vozes, 2014.
    Título original : Bambini in movimento :
120 giochi e percorsi di psicomotricità

    8ª reimpressão, 2024.

    ISBN 978-85-326-4834-1
    1. Crianças – Desenvolvimento – Psicologia educacional 2. Jogos – Literatura infantojuvenil 3. Jogos educativos – Atividades 4. Psicologia educacional 5. Psicomotricidade I. Título.

14-06824   CDD-370.15

Índices para catálogo sistemático:
1. Psicomotricidade : Psicologia educacional
370.15

Giovanna Paesani

120 jogos e percursos de psicomotricidade

Crianças em movimento

Tradução de João Batista Kreuch

EDITORA
VOZES

Petrópolis

© 2011 Edizioni La Meridiana
Edição brasileira publicada por intermédio da Agência Literária Eulama Internacional,
Roma.

Tradução do original em italiano intitulado
Bambini in movimento – 120 giochi e percorsi di psicomotricità

Direitos de publicação em língua portuguesa – Brasil:
2014, Editora Vozes Ltda.
Rua Frei Luís, 100
25689-900 Petrópolis, RJ
www.vozes.com.br
Brasil

CONSELHO EDITORIAL

Diretor
Volney J. Berkenbrock

Editores
Aline dos Santos Carneiro
Edrian Josué Pasini
Marilac Loraine Oleniki
Welder Lancieri Marchini

Conselheiros
Elói Dionísio Piva
Francisco Morás
Gilberto Gonçalves Garcia
Ludovico Garmus
Teobaldo Heidemann

Secretário executivo
Leonardo A.R.T. dos Santos

PRODUÇÃO EDITORIAL

Aline L.R. de Barros
Marcelo Telles
Mirela de Oliveira
Otaviano M. Cunha
Rafael de Oliveira
Samuel Rezende
Vanessa Luz
Verônica M. Guedes

Conselho de projetos editoriais
Luísa Ramos M. Lorenzi
Natália França
Priscilla A.F. Alves

Editoração: Fernando Sergio Olivetti da Rocha
Diagramação: Sheilandre Desenv. Gráfico
Ilustrações de miolo: Alberto Catenacci
Capa: Andréa Bellotti
Ilustração de capa: Fabio Magnasciutti

ISBN 978-85-326-4834-1 (Brasil)
ISBN 978-88-6153-193-2 (Itália)

Este livro foi composto e impresso pela Editora Vozes Ltda.

A todas as crianças que, por seu natural e alegre gosto pelo movimento, contribuíram para a elaboração deste livro.

Sumário

Introdução

Crianças em movimento é um manual dirigido aos professores de Educação Infantil e Ensino Fundamental, mas também a professores de Educação Física, animadores ou educadores que atuam em espaços diversos com crianças de 3 a 8 anos.

Os exercícios podem também ser utilizados por aqueles que atuam no campo terapêutico com indivíduos que têm dificuldades ou retardos psicomotores.

O texto é constituído de uma vasta gama de exercícios e jogos motores extraídos de uma longa experiência nas quadras e na escola com crianças dessa idade.

O livro pretende ser um manual de fácil consulta, tanto para aqueles que desejam realizar um programa anual de psicomotricidade quanto para aqueles que desejarem simplesmente integrar e enriquecer sua atividade educativa nesse âmbito.

O texto se subdivide em quatro áreas bem precisas, para melhor identificar o objetivo geral que se quer alcançar; cada área compreende trinta exercícios diferentes.

Cada exercício é bem-ilustrado e explicado com uma linguagem clara e compreensível a todos e subdividido em diversas fases operativas. Para cada um é indicado: o grau de dificuldade, o material utilizado, o tempo médio empregado e o objetivo específico.

Os exercícios podem ser reunidos em três, no máximo quatro, para compor uma aula de aproximadamente uma hora; a parte final dos percursos compreende, por sua vez, uma aula para cada percurso.

Cada exercício é proposto de uma maneira alegre e divertida, considerando que a criança dessa faixa etária tem necessidade de um elemento fantástico para aprender.

Os materiais serão facilmente encontrados: equipamentos presentes normalmente nas atividades esportivas e físicas, bem como objetos de uso diário nas quadras e ginásios.

Muitos jogos serão acompanhados com música, sendo importante, portanto, munir-se de um aparelho de som e de músicas adequadas às crianças dessa faixa etária. A música pode ajudar a criar uma atmosfera muito mais agradável.

A maior parte dos jogos requer espaços muito amplos para uma melhor realização; na falta de espaço, os alunos podem ser subdivididos em pequenos grupos. Enquanto o primeiro grupo de sete/oito crianças realizam exercícios, os outros nunca deverão ser espectadores passivos, mas poderão ser estimulados a assumir funções de juízes ou árbitros do jogo.

Todos os exercícios são facilmente realizáveis e eficazes para alcançar os objetivos indicados, uma vez que já foram assiduamente experimentados na escola, mesmo com grupos muito numerosos de crianças.

Pode-se subdividir os grupos por idade, levando em conta que existem grandes diferenças entre um menino de 3 anos, bem predisposto para atividades não estruturadas, e um menino com mais de 5 anos, já pronto para aprender um jogo com regras e comandos bem mais dificultosos.

Cada movimento nunca é um fim em si mesmo, mas portador de uma experiência emotiva grandiosa que a criança interioriza e registra na memória corpórea.

Por esse motivo o jogo é para ela o meio mais eficaz de aprendizado, pois satisfaz sua necessidade de expressão e de relação espontânea com os outros.

Através desse percurso a criança aprenderá a conhecer o próprio corpo, a mover-se com desenvoltura no espaço circunstante e a satisfazer suas exigências motoras e relacionais.

Por tudo isso, o manual é um válido auxílio para aqueles que compreendem a importância da experimentação corpórea e sensorial no amadurecimento físico e mental da criança e que procuram colocá-la em primeiro lugar em todas as atividades didáticas e educativas.

Como utilizar este livro

O texto compreende quatro diferentes áreas subdivididas em "Jogos de percepção", "Jogos no espaço", "Jogos de equilíbrio" e "Percursos psicomotores". Cada área compreende trinta exercícios, que não precisam necessariamente ser utilizados consecutivamente. Porém, é aconselhável trabalhar primeiro a área dos "Jogos de percepção", se as crianças tiverem de 3 a 5 anos, pois não possuem ainda uma formação do esquema corpóreo global e analítico.

Em geral, pode-se dizer que as primeiras três áreas são indicadas para a faixa etária da infância, mas podem ser realizadas também por crianças maiores para reforçar o conhecimento corpóreo adquirido e, particularmente, são necessárias para quem possui retardo motor. A área dos percursos é indicada tanto para os menores quanto para a faixa etária de 6-8 anos, dependendo do grau de dificuldade.

A dificuldade é indicada em cada exercício com a idade indicativa, da qual se pode partir.

Deve-se, porém, atentar para escolher os exercícios corretos para o grupo de crianças com que se trabalha, considerando não apenas a idade, mas o nível motor em que se encontram. De fato, um jogo pode ser muito fácil e, portanto, chato e desestimulante para algumas crianças, ou muito difícil e, portanto, inibidor e frustrante para outras.

Assim, o próprio educador deverá adaptar os exercícios aos alunos a partir de sua observação e experiência, captando as reais necessidades das crianças e não as que se pretende que elas tenham. Se o jogo for bem realizado se tornará, para a criança, um momento educativo motivante e grandioso.

É bom propor diversas vezes os mesmos jogos ou exercícios em aulas diversas para poder aumentar a dificuldade de maneira gradual e reforçar as habilidades motoras ao longo do tempo. Além disso, em uma aula é melhor diversificar os jogos, ao menos dois ou três, realizando-os em tempos mais curtos, para não perder a atenção e a motivação das crianças.

Os jogos, além de indicar as dificuldades e o material utilizado, indicam fases precisas a serem seguidas com o auxílio de imagens. Constam, ainda, breves frases-estímulo para o educador, que deverá acompanhar o jogo, animando-o com sua criatividade.

Jogos de percepção corpórea	Jogos de percepção espacial	Jogos de equilíbrio	Percursos psicomotores
Conhecimento global do corpo. Conhecimento analítico do corpo. Esquema corpóreo.	Orientação espacial. Conceitos topológicos.	Equilíbrio estático. Equilíbrio. Esquema motor de base. Coordenação geral.	Coordenação motora. Motricidade fina. Postura correta. Novo esquema motor. Orientação espacial. Agilidade e destreza nos movimentos. Equilíbrio dinâmico. Percepção de lateralidade.

Material necessário

Antes de iniciar um jogo motor ou um percurso, confirme se tem à disposição todos os materiais descritos no item "Materiais" e prepare-os antes da chegada das crianças. Na preparação ou criação de alguns jogos e percursos, por outro lado, pode-se convidar as crianças para participar. Elas gostarão de receber essa responsabilidade e fazer "coisas de adultos".

Observações úteis sobre os materiais

Se o local onde serão realizadas as aulas de psicomotricidade não possuir equipamentos para exercícios de ginástica, esses podem ser substituídos com outro material fácil de encontrar.

São necessários, por outro lado, aros de plástico, cordas diversas, bolas, bolas leves, bolinhas de tênis e de borracha.

Aparelhos de ginástica	Material alternativo
Barra de equilíbrio	Mesa de madeira com suportes, banco
Túnel	Mesa, cadeiras enfileiradas, caixas de papelão abertas
Cesta de basquete	Cesto de plástico pendurado
Pranchas de madeira	Quadrados de papelão duro 20 x 20
Obstáculos	Bastões de madeira com cordas, ou barbantes amarrados a duas cadeiras
Cubos	Cadeiras bem firmes
Tapete	Colchões de espuma mais ou menos espessos
Fitos/pinos	Garrafas de plástico cheias de areia ou cascalho

JOGOS

Tabela dos jogos

Áreas	Jogos	Idade recomendada	Dificuldade
	Toca, toca..., 20	3-4 anos	🖐
	Descubra quem é, 21	3-8 anos	🖐
	Com a bola..., 22	4-6 anos	🖐 🖐
	Parados como estátuas, 23	3-8 anos	🖐
	A sombra, 24	5-8 anos	🖐 🖐 🖐
	Como troncos de árvore, 25	3-5 anos	🖐
	A bola, 26	4-6 anos	🖐 🖐
	A serpente, 27	3-6 anos	🖐
	Encontre a parte, 28	3-6 anos	🖐
	Jogo dos apoios, 29	4-8 anos	🖐 🖐
	Mão, mão no..., 30	3-5 anos	🖐
	Cuidado com o gigante faminto, 31	3-5 anos	🖐
Jogos de percepção corpórea	Como robôs, 32	3-5 anos	🖐
	O balão, 33	3-5 anos	🖐
	A praia, 34	5-8 anos	🖐 🖐 🖐
	O sopro, 35	4-8 anos	🖐 🖐
	Colemo-nos, 36	4-8 anos	🖐 🖐
	A face, 37	3-5 anos	🖐
	Este sou eu, 38	3-5 anos	🖐
	Jogando de cabeça, 39	3-8 anos	🖐
	Jogando com as mãos, 40	3-8 anos	🖐
	Um caminho muito estranho, 41	3-5 anos	🖐
	Jogando com os braços, 42	3-8 anos	🖐
	Jogando com as pernas, 43	3-8 anos	🖐
	Os piões, 44	5-8 anos	🖐 🖐 🖐
	A boneca, 45	3-8 anos	🖐
	De olho no ritmo, 46	4-6 anos	🖐 🖐
	Vamos dançar!, 47	3-8 anos	🖐
	Quente e frio, 48	3-5 anos	🖐
	A árvore, 49	4-8 anos	🖐 🖐

Jogos de percepção espacial			
	Vamos ocupar o espaço, 52	3-5 anos	
	Slalom entre os aros, 53	3-6 anos	
	Círculo, fila, linha, 54	4-6 anos	
	A folha de papel, 55	3-8 anos	
	Lebres e tartarugas, 56	3-6 anos	
	Serpentes venenosas, 57	3-5 anos	
	Em grupos de..., 58	3-8 anos	
	Caminhando no escuro, 59	3-6 anos	
	Percurso guiado, 60	4-8 anos	
	O tapete voador, 61	3-5 anos	
	As caixas divertidas, 62	3-8 anos	
	O jogo do fular, 63	3-8 anos	
	O jogo dos travesseiros, 64	4-6 anos	
	Gato e rato, 65	4-8 anos	
	Atenção a distância, 66	4-8 anos	
	A teia de aranha, 67	3-8 anos	
	O elástico, 68	3-8 anos	
	Brincando com giz, 69	5-8 anos	
	Jogando com aros, 70	3-6 anos	
	Jogando com balões, 71	3-8 anos	
	Boliche, 72	4-8 anos	
	Como flocos de neve, 73	3-6 anos	
	Um, dois, três... Estrela!, 74	4-8 anos	
	Minigolfe, 75	4-8 anos	
	O detector, 76	3-5 anos	
	Longo/curto, 77	3-5 anos	
	Em cima da mesa, embaixo da mesa, 78	3-6 anos	
	Percurso com obstáculos, 79	3-8 anos	
	Slalom, 80	4-6 anos	
	Bola na cesta, 81	4-8 anos	

Áreas	Jogos	Idade recomendada	Dificuldade
Jogos de equilíbrio	O flamingo, 84	3-6 anos	
	O funâmbulo, 85	3-5 anos	
	Um caminho perigoso, 86	3-6 anos	
	O manuseador de fantoches, 87	3-5 anos	
	Os garçons, 88	4-8 anos	
	O jogo do estropiado, 89	4-6 anos	
	A bolinha na colher, 90	5-8 anos	
	Duplas em equilíbrio, 91	4-8 anos	
	O muro, 92	4-8 anos	
	Os pássaros, 93	4-8 anos	
	Os elefantes, 94	3-5 anos	
	A vela, 95	4-8 anos	
	Circuito interrompido, 96	3-6 anos	
	A roda bamba, 97	4-6 anos	
	A luta dos pintinhos, 98	5-8 anos	
	Enchendo a cesta, 99	5-8 anos	
	A ponte, 100	3-5 anos	
	O desfile, 101	4-8 anos	
	Salto em altura, 102	3-8 anos	
	O baile da bola, 103	4-8 anos	
	As pegadas, 104	4-6 anos	
	Sobe e desce, 105	4-6 anos	
	De olho na cor, 106	5-8 anos	
	Os malabaristas, 108	5-8 anos	
	Olho na bola, 109	4-8 anos	
	Desvia da bola!, 110	4-8 anos	
	Em zigue-zague, 111	4-6 anos	
	Percurso de dupla, 112	5-8 anos	
	Jogo aquático, 113	5-8 anos	
	A colheita, 114	5-6 anos	

Percursos psicomotores	Percurso sensorial: olfato, 117	4-8 anos	
	Percurso sensorial: paladar, 119	4-8 anos	
	Percurso sensorial: visão, 120	3-6 anos	
	Percurso sensorial: audição, 121	4-8 anos	
	Percurso sensorial: tato, 122	3-6 anos	
	Percursos fantásticos: a selva, 124	3-6 anos	
	Percursos fantásticos: o mar, 125	4-6 anos	
	Percursos fantásticos: o bosque, 126	3-6 anos	
	Percursos fantásticos: o cavaleiro, 127	4-6 anos	
	Percursos fantásticos: a fazenda, 128	3-5 anos	
	Percursos com objetos: a bola, 129	5-8 anos	
	Percursos com objetos: o aro, 130	5-8 anos	
	Percursos com objetos: as bolinhas, 131	4-8 anos	
	Percurso saltitante, 132	4-8 anos	
	Percurso das caixas, 133	3-6 anos	
	Percurso em estações, 134	5-8 anos	
	Percurso "Parou!", 135	3-6 anos	
	Percurso com garrafas, 136	4-6 anos	
	Percurso ao contrário, 137	5-8 anos	
	Percurso no escuro, 138	4-8 anos	
	Percursos de equipe: estafeta, 139	5-8 anos	
	Percursos de equipe: caça às balas, 140	4-6 anos	
	Percursos de equipe: sons e barulhos, 141	5-8 anos	
	Percursos de equipe: corrida veloz, 142	5-8 anos	
	Percursos de equipe: corrida para trás e para frente, 143	5-8 anos	
	Percursos de equipe: carrinho de mão, 144	5-8 anos	
	Percurso de rastejamento: a serpente, 145	3-6 anos	
	Percurso de rastejamento: barriga pra baixo e ao contrário, 146	4-6 anos	
	Percursos de pernas abertas, 147	4-8 anos	
	Percurso no jardim, 148	5-8 anos	

Legenda de dificuldades: 🖐 = dificuldade baixa.
🖐 🖐 = dificuldade média.
🖐 🖐 🖐 = dificuldade alta.

Jogos de percepção corpórea

Essa área engloba uma série de exercícios físicos destinados a adquirir e reforçar a consciência do próprio corpo.

Conhecer o esquema corpóreo significa, antes de tudo, perceber o corpo de maneira global, em sua inteireza e depois de maneira analítica, em suas diferentes partes.

Antes de passar a exercícios mais complexos é fundamental que a criança tenha uma perfeita familiaridade com o próprio corpo, que lhe permitirá realizar com maior desenvoltura os esquemas motores propostos.

Uma boa percepção corporal, de fato, melhora a autoconfiança e a segurança nos próprios movimentos, a postura, o equilíbrio e a coordenação motora em geral.

Perceber o próprio corpo significa, enfim, também conhecê-lo e saber representá-lo corretamente em suas distintas partes.

Cada grupo de atividades físicas, de fato, será mais eficaz se for acompanhado com uma representação gráfica ou pictórica apropriada, pois na expressão gráfica final o educador poderá avaliar o grau de envolvimento emotivo da criança e verificar seus resultados.

1 Toca, toca...

Idade recomendada: 3-4 anos
Objetivo: Perceber o corpo integralmente
Dificuldade: 🖐
Materiais: Um livro sobre o corpo
Tempo: 20 minutos

Desenvolvimento

As crianças folheiam, com o educador, um livro sobre o corpo humano e mencionam suas várias partes. Em seguida, o educador as convida para ficarem de pé e tocarem com as mãos as várias partes, uma de cada vez. A partir da cabeça, depois descendo para o pescoço, os ombros, os braços, e assim por diante, até chegar aos pés. Para cada movimento se dirá: "Vamos jogar o toca, toca... a cabeça!" Em seguida, o educador dirá: "Agora vamos tocar de alto a baixo todas as partes do corpo, do rosto aos pés", e "Agora a parte de trás do corpo". As crianças são convidadas a fechar os olhos e o exercício é repetido de olhos fechados, parando no instante em que o educador chama a atenção: "Toca, toca... o nariz".

Por fim, em duplas, uma criança por vez tocará as partes do corpo do companheiro à sua frente, indicadas pelo educador.

2 Descubra quem é

Idade recomendada: 3-8 anos
Objetivo: Reforçar a percepção corpórea
Dificuldade: 🖐
Materiais: Um lenço ou tira de pano
Tempo: 20 minutos

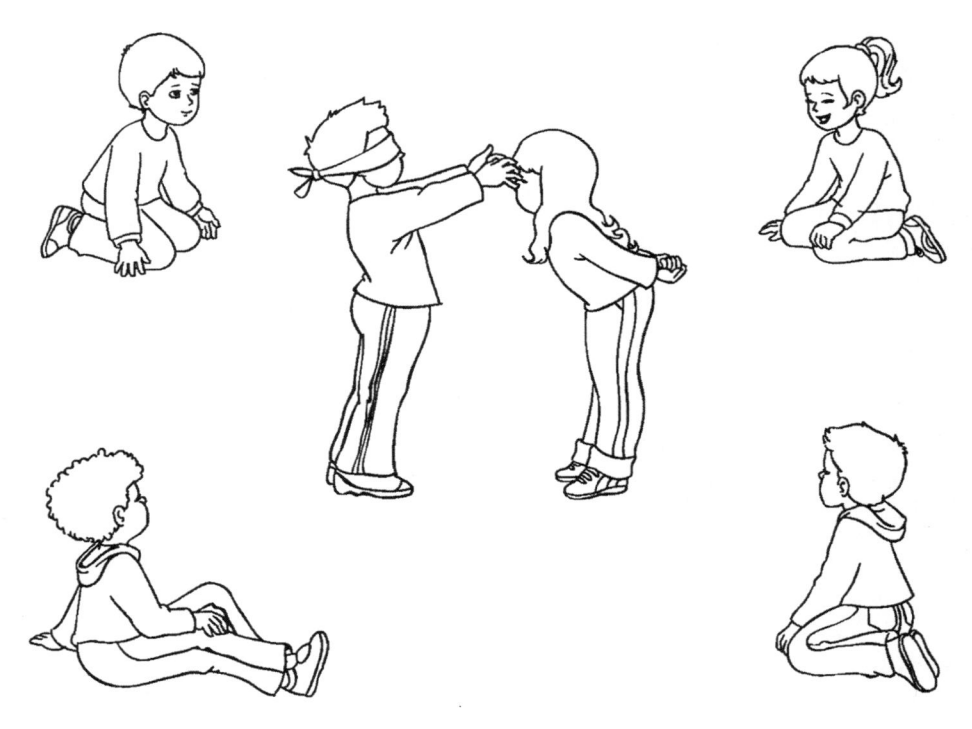

Desenvolvimento

As crianças se colocam sentadas em círculo, o educador chama uma delas e cobre seus olhos com uma venda. Em silêncio, o educador indica uma das crianças que estão sentadas, que deverá aproximar-se, e convida a criança vendada a reconhecer o companheiro tocando-o com as mãos. A criança poderá ser ajudada com perguntas do tipo: "Descubra se é alto ou baixo, se tem cabelos compridos ou curtos, se usa óculos..." etc.

3 Com a bola...

Idade recomendada: 4-6 anos
Objetivo: Descobrir o contorno do corpo por meio de um objeto
Dificuldade: 🖐 🖐
Materiais: Bola ou bolinha
Tempo: 15 minutos

Desenvolvimento

As crianças, sentadas no chão, farão a bola deslizar em volta do próprio corpo começando pela cabeça, lentamente, sem deixá-la cair. O educador conduzirá as crianças a sentir as diversas partes do corpo pelas quais a bola desliza.

Sucessivamente, em duplas, uma criança por vez deslizará a bola sobre o companheiro estendido por terra, primeiro por cima, depois pelas costas.

4   Parados como estátuas

Idade recomendada: 3-8 anos
Objetivo: Perceber o corpo em duas situações, estática e dinâmica
Dificuldade: 🖐
Materiais: Espaço amplo, música
Tempo: 15 minutos

Desenvolvimento
O educador convida as crianças a mover-se ao ritmo da música, variando frequentemente entre diversos ritmos: andante lento, corrida velocíssima, passo salteado, caminhada em pé e a gatinhos, salto com os pés juntos etc. A cada pausa na música as crianças devem parar na posição em que se encontram, imobilizando-se. "Somos exatamente como estátuas de pedra." Quanto mais longo for o tempo de silêncio, maior será o grau de dificuldade.
Com os mais velhos pode-se alternar movimentos sempre mais velozes entre uma pausa e outra para aumentar a agilidade dos reflexos das crianças.

5 A sombra

Idade recomendada: 5-8 anos
Objetivo: Representação gráfica do perfil corporal
Dificuldade: 🖐 🖐 🖐
Materiais: Lanterna forte ou projetor, cartolina branca, lápis ou giz
Tempo: 1 hora

Desenvolvimento

O educador escurece o quanto possível a sala depois de colar nas paredes folhas de papel brancas; as crianças estão sentadas de frente para a parede. Acende-se o projetor, já direcionado para a parede, ou uma lanterna, e se convida uma ou duas crianças a mover-se diante do projetor, fazendo-as observar as próprias sombras para então comentar: "Vejam como as sombras se movem quando vocês mudam de posição ou se afastam", "o que as sombras mostram de vocês"?

Em seguida, em duplas, as crianças desenharão uma o contorno da outra com um lápis sobre a cartolina: pode-se ainda preencher o papel desenhando também o rosto e as vestes com cores e colagens.

Às maiores pode-se pedir também que desenhem os perfis ou o corpo em diferentes posições.

6 Como troncos de árvore

Idade recomendada: 3-5 anos
Objetivo: Exercitar o movimento rotatório do corpo
Dificuldade: 🖐
Materiais: Espaço amplo
Tempo: 25 minutos

Desenvolvimento

O educador convida as crianças a ficarem com o corpo esticado e rígido: em pé, braços para o alto, pés juntos, dizendo: "Nos transformamos em troncos de árvores, somos árvores fortes e grandes, difíceis de dobrar, duras como madeira".

Em grupos de três ou quatro, as crianças rolarão por terra, começando de costas com os braços estendidos para cima, enquanto o educador as orienta com frases do tipo: "Agora vocês são troncos no rio, levados pela correnteza, e vão rolando até a margem".

O mesmo exercício pode ser realizado com leve inclinação, com auxílio de um tapete levantado de um lado. O educador, nesse caso, dirá: "Agora os troncos descem colina abaixo rolando até o vale".

Pode-se, dessa maneira, fazer notar como o corpo é veloz e pesado.

7 A bola

Idade recomendada: 4-6 anos
Objetivo: Exercitar novos esquemas motores
Dificuldade:
Materiais: Bola leve, espaço amplo
Tempo: 20 minutos

Desenvolvimento

O educador convida as crianças a jogar com a bola que lhes é entregue (uma por criança), fazendo-a repercutir por terra, rolar no chão, girar sobre si mesma, atirá-la para o alto e pegá-la novamente. Em seguida o educador dirá às crianças para se transformarem na bola e fazerem os mesmos movimentos.

"Somos bolas que pulam", as crianças saltam; "Somos bolas que rolam", as crianças se agacham por terra com os joelhos no peito e rolam sobre as costas; "Somos bolas que giram", as crianças se sentam com as pernas dobradas no peito e tentam girar sobre si mesmas como um pião, dando impulso com a mão no chão.

Este último exercício é aconselhado aos maiores, devido à maior dificuldade de realização.

8 A serpente

Idade recomendada: 3-6 anos

Objetivo: Exercitar novos esquemas motores e perceber a parte anterior e posterior do corpo

Dificuldade: 🖐

Materiais: Espaço amplo

Tempo: 30 minutos

Desenvolvimento

O educador convida as crianças a se arrastar livremente pelo piso, dizendo: "Somos todos serpentes!"

"As serpentes se arrastam sobre a barriga e depois dormem totalmente enroladas." As crianças se põem em repouso agachadas no chão.

Repete-se o mesmo exercício, mas, nesse caso, as crianças se arrastam de costas, utilizando as pernas, com a regra de não encostar nos outros. "Atenção, as outras serpentes são venenosas!"

Por fim, as crianças, em grupos de quatro, realizam uma aposta arrastando-se com a barriga para baixo até a linha de chegada preestabelecida. "Quem será a serpente mais rápida?"

9 Encontre a parte

Idade recomendada: 3-6 anos
Objetivo: Reconhecer e perceber partes individuais do corpo
Dificuldade: 🖐
Materiais: Nenhum
Tempo: 15 minutos

Desenvolvimento

As crianças ficam espalhadas, com os olhos fechados ou vendados. O educador as convida a tocar uma parte do corpo: "Toque o seu nariz, agora o joelho esquerdo, agora os dois pés..."

No começo os comandos serão lentos e simples, podendo-se em seguida acelerar o ritmo com comandos repetidos e velozes e com partes sempre mais detalhadas, como bochecha, cotovelo ou tornozelo, em lugar de rosto, braço, perna.

Para aumentar ainda mais a dificuldade, o comando pode ser de uma combinação, do tipo: "Com uma mão toque o nariz, com a outra o joelho".

10 Jogo dos apoios

Idade recomendada: 4-8 anos
Objetivo: Reforçar a consciência analítica do esquema corpóreo
Dificuldade: ✋ ✋
Materiais: Música, espaço amplo
Tempo: 15 minutos

Desenvolvimento

O educador, depois de passar às crianças ordens bem precisas, que deverão ser seguidas quando começa a música e, no *stop*, imobilizar-se sobre apoios diferentes dos dois pés, dirá: "Corram, quando a música parar vocês devem parar apoiadas em dois pontos: "mão e pé!" As crianças se apoiarão paradas com uma só mão e um só pé no chão; ou então, dirá: "Quando eu der o *stop* na música, um apoio só, a barriga!" E assim por diante as seguintes combinações de apoio podem ser indicadas: "bunda", "joelho e testa", "pé e costas", "mão e pé", "um só pé".
Depois de ter experimentado todas as combinações de apoio, o educador pode pedir a uma criança para conduzir o jogo em seu lugar.

11 Mão, mão no...

Idade recomendada: 3-5 anos
Objetivo: Reforçar a consciência de cada parte do corpo
Dificuldade: 🖐
Materiais: Música, espaço amplo
Tempo: 15 minutos

Desenvolvimento
O educador convida as crianças a formar duplas que se moverão juntas ao ritmo da música. A cada pausa dada à música serão dadas ordens bem específicas às duplas, do tipo: "Tocar com a mão o... nariz!", Tocar com a mão o... joelho!"

Idade recomendada: 3-5 anos
Objetivo: Perceber o relaxamento corporal
Dificuldade: ✋
Materiais: Conto de fadas, espaço amplo
Tempo: 30 minutos

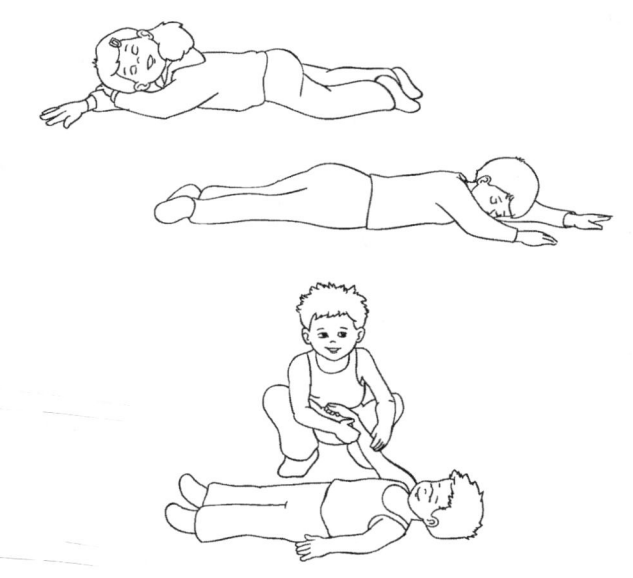

Desenvolvimento

O educador pode ler ou contar uma fábula, por exemplo, a do Pequeno Polegar ou qualquer outra em que esteja presente a personagem do gigante para introduzir o jogo.

Deve-se escurecer a sala e as crianças deverão deitar no chão e fingir estar dormindo. O educador, com um dos alunos maiores, deve fazer o papel do gigante, que passará entre os corpos estendidos, dizendo: "Lá vem o gigante!" Ou então: "inha, inha, sinto cheiro de criancinha!" Nesse momento as crianças devem cuidar para não fazer nenhum barulho ou movimentos, permanecendo completamente imóveis e de olhos fechados. O gigante, passando entre as crianças, irá tocá-las e sacudi-las, levantando o braço ou uma perna para depois deixá-los cair. Se a criança conseguir ficar perfeitamente inerte, o gigante irá embora, caso contrário a levará consigo puxando-a pelos pés.

13 Como robôs

Idade recomendada: 3-5 anos
Objetivo: Reforçar o domínio do corpo por meio de novos esquemas motores
Dificuldade: ✋
Materiais: Música com diferentes ritmos
Tempo: 15 minutos

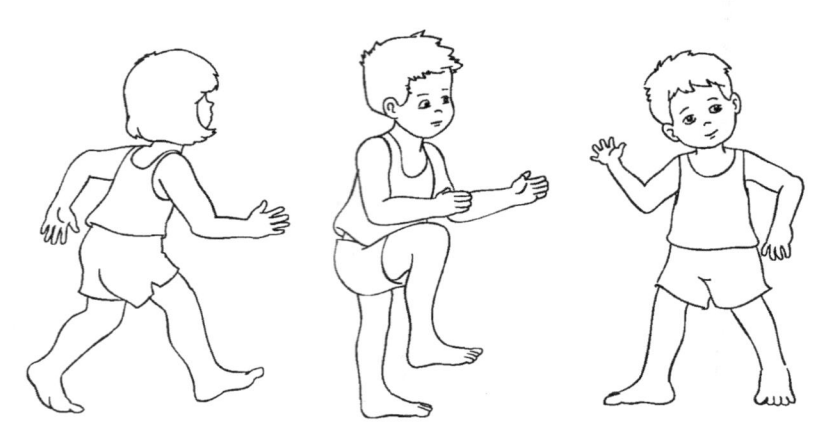

Desenvolvimento

Inicialmente se apresenta às crianças um robô de brinquedo ou um boneco rígido, que tenha o movimento das principais articulações (cabeça, braços, pernas). As crianças devem observar seus movimentos e perceber como são limitados. Em seguida o educador dirá: "Agora vamos imitá-lo. Somos todos como esse robô". Liga-se a música e se convida as crianças a mover-se lentamente como pequenos robôs, com gestos rígidos e mecânicos.

Recomenda-se variar a música com diversos ritmos para aumentar gradualmente a dificuldade do jogo.

14   O balão

Idade recomendada: 3-5 anos
Objetivo: Perceber as fases da respiração
Dificuldade: ✋
Materiais: Um balão grande
Tempo: 15 minutos

Desenvolvimento

O educador enche um balão bastante grande na frente das crianças sentadas, dizendo: "Agora vou colocar ar aqui dentro. O que acontece com o balão?" Em seguida deixa o balão esvaziar lentamente, fazendo as crianças sentirem de perto o ar que sai, primeiro lentamente, depois soltando o balão, para que voe embora. "O que aconteceu com o balão agora?" O educador convida as crianças a ser como balões. Ao convite "balão cheio!" as crianças devem puxar o ar para dentro inspirando pelo nariz e fingindo inflar-se. "O balão fica cada vez mais cheio": pode-se fazer uma pausa mais ou menos longa segurando o ar no pulmão.
Ao convite: "balão vazio", as crianças soltam o ar pelo nariz e pela boca, deixando-se cair por terra. Pode-se imitar ainda o movimento rotatório que o balão faz quando esvazia rapidamente. Esse exercício é útil também como relaxamento depois de jogos que envolvam exercícios físicos muito cansativos.

15 A praia

Idade recomendada: 5-8 anos
Objetivo: Perceber o relaxamento físico
Dificuldade: ✋ ✋ ✋
Materiais: Tapete, música relaxante, ambiente silencioso
Tempo: 20 minutos

Desenvolvimento

Para esse jogo pode-se usar uma música adequada para o relaxamento ou com barulhos de mar, ou então realizar o exercício em silêncio. Faça as crianças deitarem-se de costas em cima de um tapete em um ambiente confortável, sem barulhos incômodos, e, com frases pronunciadas em voz baixa, ajude-as a visualizar imagens. Com os olhos fechados deverão imaginar-se próximas do mar. O educador dirá: "Vocês estão na praia, num dia de sol. Estão deitadas na areia macia e quente. Sintam seu corpo na areia, e o calor do sol. Na frente de vocês está o mar". Deve-se falar lentamente e guardando uma pausa entre uma frase e outra. "Ouçam o som das ondas que chegam, aumentam, depois quebram na praia." "Agora sintam seu peito enchendo de ar e se esvaziando como o mar." "Seu corpo está relaxado: pés, pernas, barriga, peito, mãos, braços, o rosto, todo o corpo de vocês está quente e relaxado."

Cada frase deve ser dita muito lentamente, abaixando o tom da voz pouco a pouco. Para um bom resultado será oportuno preparar anteriormente as crianças para esse exercício. Ao final, é importante fazer as crianças levantar-se lentamente e passar em seguida a atividades tranquilas.

16 O sopro

Idade recomendada: 4-8 anos
Objetivo: Tomar consciência e reforçar as capacidades respiratórias
Dificuldade: 🖐 🖐
Materiais: Materiais leves (pedaço de papel, pena etc.), canudos
Tempo: 25 minutos

Desenvolvimento

Colocam-se à disposição das crianças objetos bem leves, como penas, pedaços de papel, bolinhas de pingue-pongue etc. Elas podem jogá-los, sentir seu peso, deixá-los cair por terra.

Em seguida começa o jogo. Duas ou três crianças de cada vez devem transportar o próprio objeto até a linha de chegada, soprando com a boca ou com a ajuda de um canudo. Pode-se utilizar qualquer pedaço de papel ou objeto leve.

As crianças movem-se de joelhos e mãos no chão, mas não podem tocar o objeto com as mãos, porque serão eliminadas do jogo. O jogo termina quando todas as crianças em grupos de dois ou três tiverem participado da competição.

17 Colemo-nos

Idade recomendada: 4-8 anos
Objetivo: Experimentar novos esquemas motores
Dificuldade: 🖐 🖐
Materiais: Música ou tambor
Tempo: 25 minutos

Desenvolvimento

O educador forma as duplas de crianças que deverão ter de preferência a mesma altura. Em seguida, as convida a realizar deslocamentos no espaço, com a música ou ao ritmo de um tambor. As duplas deverão deslocar-se com uma parte do corpo "colada", conforme a ordem: "Agora vamos correr com uma mão colada": as crianças correm segurando-se pelas mãos coladas; a cada vez o educador aumentará a dificuldade dos deslocamentos, ou seja, da mão passará ao braço, depois um ombro, depois a barriga, as costas, um pé, e assim por diante.

Com os maiores pode-se utilizar um lenço para amarrar as partes.

Os deslocamentos podem variar conforme a dificuldade das partes amarradas, desde caminhar até correr, saltar ou arrastar-se; pode-se ainda colocar um objeto entre as partes, para que seja transportado sem cair, por exemplo, uma bolinha em um "testa com testa", tornando o jogo mais divertido e desafiador.

18 A face

Idade recomendada: 3-5 anos
Objetivo: Representar o próprio rosto
Dificuldade: ✋
Materiais: Folhas de papel branco, canetinhas coloridas
Tempo: 30 minutos

Desenvolvimento

As crianças são convidadas a tocar o próprio rosto, se oportuno, com orientação do educador, reparando com os dedos cada uma de suas partes. "Sinta sua cabeça, como é redonda, depois a testa, logo abaixo estão as sobrancelhas, depois, os olhos..." Depois de acariciar e perceber seu próprio rosto, as crianças devem representá-lo em uma folha de papel colocada no chão e utilizando uma canetinha ou lápis coloridos; se possível, utilizar um espelhinho, no qual podem observar apenas o rosto. As crianças maiores podem também fazer um retrato de um companheiro sentado à sua frente.

19 Este sou eu

Idade recomendada: 3-5 anos
Objetivo: Representar o esquema corpóreo
Dificuldade: ✋
Materiais: Folhas grandes de papel, canetinhas, tintas e pincéis
Tempo: 1 hora

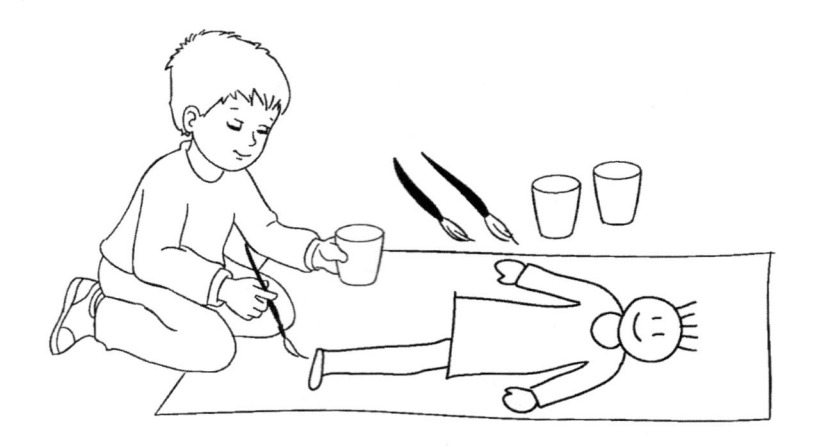

Desenvolvimento

Colocam-se à disposição das crianças folhas brancas muito grandes, tintas e pincéis ao lado de cada uma no chão. Começa-se desenhando o rosto na própria folha, no alto; depois seguem-se as indicações do educador: "Agora vamos tocar o pescoço, sentir como está ligado à cabeça e como fica acima dos ombros. Vamos desenhá-lo". As crianças, depois de tocar cada parte de uma vez, vão desenhando-a na folha de papel com as canetinhas coloridas disponíveis, até terminar de desenhar o corpo inteiro, traçando apenas a linha de contorno.

Em seguida, poderão personalizar o próprio autorretrato colorindo a parte interna com cabelos, vestes, calçados e, se quiserem, um enfeite preferido; uma assinatura e o quadro está pronto.

20 Jogando de cabeça

Idade recomendada: 3-8 anos
Objetivo: Perceber o movimento de cada parte do corpo
Dificuldade: 🖐
Materiais: Balões grandes e redondos, espaço amplo
Tempo: 30 minutos

Desenvolvimento

As crianças ficam espalhadas e de pé; o educador convida para que mexam apenas uma parte do corpo: a cabeça. "O que podemos fazer com a cabeça? Podemos dizer sim e não, podemos fazê-la girar"; as crianças irão imitar os movimentos de flexão e de rotação.

O mesmo exercício deve ser repetido com todos sentados: "Podemos fazer os mesmos movimentos agora?" E, finalmente, deitados por terra: "E agora, o que muda?"

Depois, em duplas, cada criança levanta com as mãos a cabeça do companheiro que fica deitado de barriga para cima: "Sentem como a cabeça de vocês pesa? Enfim, cada criança terá à disposição um balão, ou um para cada dupla, para jogar e cabeceá-lo. "Atenção para não deixá-lo cair, sem usar as mãos para segurá-lo!"

21 Jogando com as mãos

Idade recomendada: 3-8 anos
Objetivo: Perceber as funções de cada parte do corpo
Dificuldade: 🖐
Materiais: Bolas ou balões
Tempo: 40 minutos

Desenvolvimento

O educador convida as crianças a refletir sobre as ações que as mãos podem realizar fazendo mímica dos movimentos, como, por exemplo, lavar o rosto, desenhar ou escrever etc.

Depois se irá brincar com as mãos. "Podemos bater as mãos, fazendo diferentes ritmos"; as crianças, guiadas pelo educador, batem as mãos entre si, depois batem nos joelhos, depois nas bochechas, depois no chão ou em algum outro objeto. São convidadas a ouvir os diferentes ritmos e os sons produzidos; distribui-se uma bola para cada dupla e se convida as crianças a atirá-la, uma diante da outra, ou fazê-la rolar por terra apenas usando as mãos. "Mirem bem para o colega que está na sua frente, sem tocar a bola com os pés".

Com as maiores se pode experimentar diversos modos de tocar a bola: com o punho fechado, com a palma da mão, com o dorso da mão ou também para atirá-la, pelo alto, repicando no chão etc.

22 Um caminho muito estranho

Idade recomendada: 3-5 anos
Objetivo: Estimular a percepção tátil de uma parte determinada
Dificuldade: 🖐
Materiais: Pedrinhas, areia, farinha, algodão, sal grosso, outro material
Tempo: 30 minutos

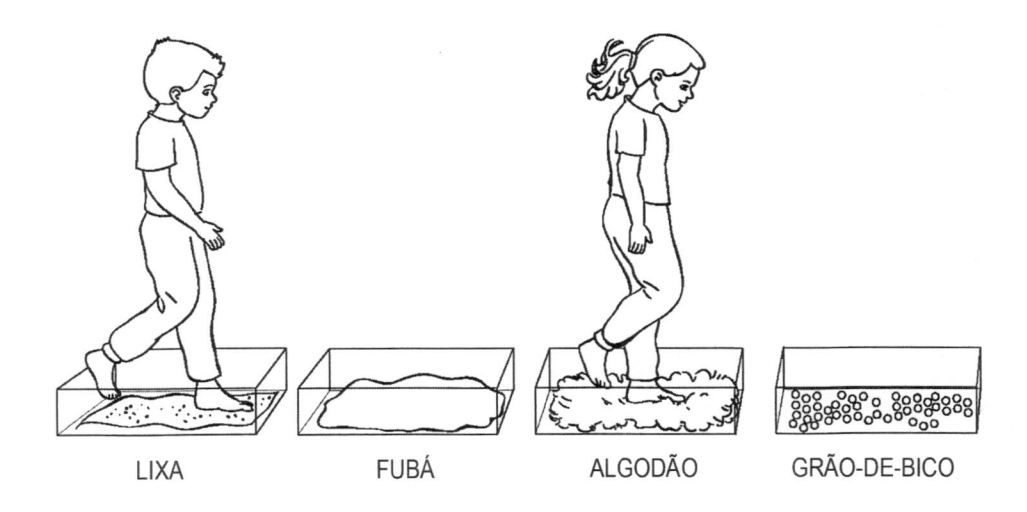

LIXA   FUBÁ   ALGODÃO   GRÃO-DE-BICO

Desenvolvimento
Preparam-se caixas largas e baixas com os materiais indicados acima; cada caixa deve conter apenas um material. Se não forem encontrados, podem ser substituídos por outros; o importante é que tenham consistências diferentes (duro, macio, áspero, liso).
O educador convida as crianças a tirar o calçado e as meias para atravessar com os pés o percurso formado com as caixas. As crianças devem verbalizar, em seguida, a sensação que tiveram durante o trajeto, que também pode ser repetida mais vezes.

23 Jogando com os braços

Idade recomendada: 3-8 anos
Objetivo: Perceber o movimento de cada parte do corpo
Dificuldade: ✋
Materiais: Aros, círculos, espaço amplo
Tempo: 40 minutos

Desenvolvimento

As crianças, em pé e espalhadas, realizam todos os movimentos possíveis com os braços. "Como podemos mover nossos braços?" "Os braços podem fazer voltas, vamos imitar o movimento de nadar"; "podemos levantá-los, esticá-los para frente, para o lado, como guarda de trânsito". "Podem ser flexionados como fazem os fisiculturistas." Em seguida, imitam-se todos os esportes em que são usados principalmente os braços: o tênis, o nado, o basquete, o vôlei, arremesso de dardo ou disco.

Por fim, distribuem-se os aros e se começa a brincar. Podemos arremessar o aro para o alto, girando, e mudando de mão, ou fazê-lo rolar por terra para depois pegá-lo novamente sem que caia, ou, ainda, fazê-lo girar em torno da palma da mão como se fosse uma vara de ginástica!

24 Jogando com as pernas

Idade recomendada: 3-8 anos
Objetivo: Perceber o movimento das partes do corpo
Dificuldade: ✋
Materiais: Bolas, espaço amplo
Tempo: 30 minutos

Desenvolvimento
As crianças realizam, de pé, todos os movimentos possíveis com as pernas: caminham, correm no mesmo lugar, saltam com os pés juntos, saltam com as pernas dobradas, chutes para frente e para os lados, dobram os joelhos etc.
O educador as conduz de maneira a tornar o jogo divertido. "O nosso corpo ficou congelado. Podemos mexer apenas as pernas!", depois forma duplas e distribui a cada uma uma bola: "Agora vocês podem lançar a bola como quiserem, mas, atenção, só podem usar as pernas!"

25 Os piões

Idade recomendada: 5-8 anos
Objetivo: Experimentar novos esquemas motores
Dificuldade: 〰 〰 〰
Materiais: Piões
Tempo: 20 minutos

Desenvolvimento
Pode-se fazer com que as crianças brinquem com diversos tipos de pião, de madeira ou de metal.
"Agora vamos nos transformar em verdadeiros piões, girando o nosso corpo inteiro!" O educador conduz as crianças a realizar diversos tipos de giro, como sobre os dois pés, sobre um pé só, sentadas ou apoiadas nas costas. Quando sentadas, mantêm-se as pernas abertas e flexionadas, os pés juntos, as mãos segurando os pés e se gira. Basta dar um impulso e se gira o corpo sobre a coluna, o movimento parte do braço esquerdo no chão, coluna e de novo braço direito e retorno sentado, sem soltar as mãos dos pés. Pode-se girar, depois, sobre as costas com os joelhos no peito, dando o impulso com os braços e as pernas.

26 A boneca

Idade recomendada: 3-8 anos
Objetivo: Reforçar o domínio do corpo
Dificuldade: 🖐
Materiais: Uma boneca de pano
Tempo: 20 minutos

Desenvolvimento

O educador coloca as crianças sentadas em círculo e lhes apresenta uma boneca de pano flexível e as convida a refletir sobre as diferenças que existem entre ela e o corpo humano.

"Consegue ficar em pé sozinha?" "Vejam que ela precisa ser segurada para ficar em pé ou sentada, ou levantar os braços e as pernas."

"Vejamos que consegue se transformar num boneco de pano!" O educador chama uma criança de cada vez, para que tente ficar inerte nas mãos do adulto, que o fará realizar movimentos simples. Quanto mais a criança se entrega aos movimentos que o adulto a conduz a fazer, mais bem-feita será sua imitação.

Podemos, enfim, convidar as crianças, em duplas, para fazerem o mesmo jogo. Uma guia e a outra faz o papel de boneca, e vice-versa.

27 De olho no ritmo

Idade recomendada: 4-6 anos
Objetivo: Distinguir diversas posições, compreender instruções sonoras
Dificuldade: ✋ ✋
Materiais: Espaço amplo, tambor ou apito
Tempo: 30 minutos

Desenvolvimento

O educador explica, antes de tudo, o funcionamento do jogo, para fazer com que as crianças memorizem as três posições solicitadas. A uma batida do tambor corresponde determinada posição: uma batida = ficar de pé; duas batidas = sentados; e três batidas = deitados no chão. Em vez do tambor pode-se utilizar um apito, fazendo um, dois ou três sons contínuos.

As crianças, em pé, espalhadas o suficiente para realizar os movimentos sem tumulto, ouvirão o comando e cumprirão as posições correspondentes. Depois de um ou dois testes, começa a valer, e quem erra é eliminado. Aos maiores se pode acrescentar um quarto comando sonoro, com a posição de cócoras, ou outra mais difícil.

28 Vamos dançar!

Idade recomendada: 3-8 anos
Objetivo: Expressar-se por meio dos movimentos corporais
Dificuldade: 🖐
Materiais: Música com diversos ritmos
Tempo: 30 minutos

Desenvolvimento

O educador forma duplas com afinidade (se possível, menino com menina) e se começa a dança em um espaço bastante amplo. A música deve ser o mais rítmica e variada possível.

Convidam-se as crianças para fazer silêncio com a voz, mas a falar por meio do corpo: elas deverão perceber qualquer mudança do ritmo da música e mover-se de acordo levadas pelo ritmo.

Pode-se transformar o baile em uma verdadeira competição, contando com um apresentador e atribuindo a cada dupla um número. A dupla indicada como melhor de todas pode receber uma taça de papelão dourada.

29 Quente e frio

Idade recomendada: 3-5 anos
Objetivo: Perceber uma sensação tátil
Dificuldade: 🖑
Materiais: Ventilador, aquecedor elétrico ou secador de cabelo (ou, então, água quente e água fria)
Tempo: 15 minutos

Desenvolvimento

Colocam-se à disposição das crianças um ventilador e um aquecedor. O educador chama duas ou três crianças de cada vez e as faz sentir primeiro o ar frio, depois o quente. Em seguida, convida as crianças a exprimirem o que sentiram com a experiência, fazendo-lhes perguntas: "Qual a sensação de que vocês mais gostaram?" "Por quê?" "O que recorda o ar do ventilador para vocês?" "E o ar quente?" Experimente fazer a mesma coisa com dois baldes de água, um de água fria, outro quente. Faça as crianças imergirem as mãos na água e ouça as sensações descritas.

30 A árvore

Idade recomendada: 4-8 anos
Objetivo: Perceber o próprio peso
Dificuldade: 🖐 🖐
Materiais: Nenhum
Tempo: 15 minutos

Desenvolvimento

O educador se coloca de pé, afastado, na frente das crianças e mostra a posição a ser assumida: eretos, olhando para frente, com os pés ligeiramente abertos, os braços caídos ao longo do corpo. "Somos árvores, e estamos bem-plantados na terra. O vento nos faz balançar, mas não caímos. As nossas raízes nos mantêm bem-ancorados." "Chega um vento forte da direita", indica o lado de onde vem, e leva as crianças a deslocar todo seu peso sobre a perna esquerda. Em seguida, retorna-se ao centro. "Mas agora o vento está de volta, mais forte ainda!", as crianças devem deslocar todo o peso para o lado oposto, sobre a perna direita. De novo se retorna ao centro. O exercício pode ser repetido várias vezes, para a esquerda, ao centro, depois à direita e, novamente, ao centro. Aos mais velhos se pode propor realizar a posição da árvore, deslocando o peso sobre uma perna e levantando a outra, dobrada, e ainda levantando os braços para cima. Reveza-se, em seguida, com a outra perna em sentido oposto.

Jogos de percepção espacial

Essa área compreende trinta jogos motores voltados para desenvolver a percepção do espaço, o senso de orientação, o conhecimento de conceitos topológicos básicos.

O jogo motor permite descobrir o espaço circunstante em relação ao próprio corpo e reforçar a segurança e o domínio da criança de maneira espontânea e agradável.

A criança, sobretudo aos 3 anos, tem necessidade de perceber um espaço limitado e gradualmente poderá explorar e orientar-se em ambientes mais amplos.

A consciência espacial é adquirida por meio dos sentidos, do movimento e de toda a vivência corpórea da criança.

Os exercícios ajudarão a criança a mensurar um espaço, a comparar os objetos entre si, a perceber sua própria posição, a dosar a energia de uma ação em relação ao espaço circunstante. Desenvolverá a consciência do espaço, sua abstração e representação gráfica somente a partir do espaço físico, preenchendo-o de significados emotivos e motivadores.

Para essa área são necessários espaços bastante amplos para uma realização mais livre e divertida das atividades.

Idade recomendada: 3-5 anos
Objetivo: Perceber o espaço circunstante
Dificuldade: 🖐
Materiais: Música, espaço amplo
Tempo: 15 minutos

Desenvolvimento

O educador convida as crianças a mover-se livremente pelo espaço com a ajuda da música, mudando de direção e ficando atentos para não esbarrarem umas nas outras. Ao dar pausa na música, o educador dará ordens precisas: caminhar, arrastar-se, rolar, saltar, correr, caminhar para trás, engatinhar etc.

A regra principal de não encostar nos outros será um convite para que as crianças procurem sempre novos espaços vazios, bem como para mudar de direção ocupando seu espaço.

2 Slalom entre os aros

Idade recomendada: 3-6 anos
Objetivo: Conhecer o espaço por meio do uso de objetos
Dificuldade: ✋
Materiais: Aros, espaço amplo
Tempo: 25 minutos

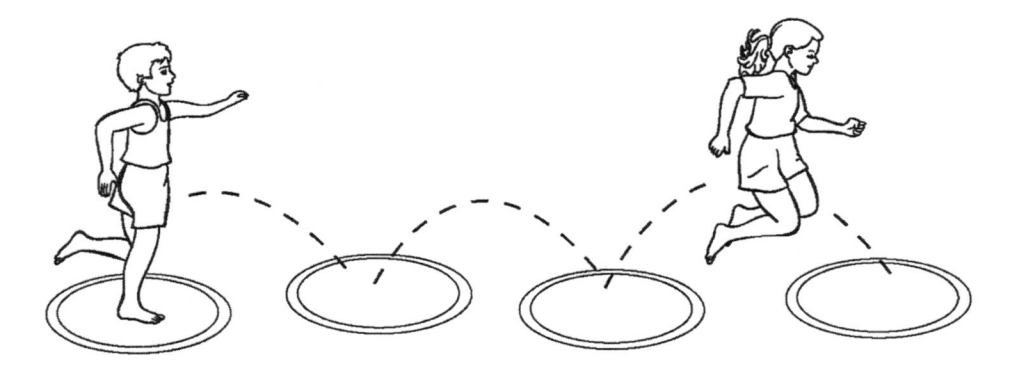

Desenvolvimento
O educador espalha uma dúzia de aros no chão, a 30cm de distância um do outro, criando um percurso com um começo e um fim. As crianças se colocam em fila e atravessam, uma de cada vez, o percurso seguindo as indicações do educador.

As possibilidades são diversas: realizar um *slalom* em volta dos aros, saltar dentro dos aros com um só pé, ou com os dois. Aumentar ou diminuir a distância entre os aros conforme a idade das crianças e a dificuldade que se deseja criar. Pode-se mudar a disposição dos aros para realizar variações de percurso, colocando-os, por exemplo, em uma linha concêntrica ou deslocados de modo alternado à direita e à esquerda ou de modo que formem um circuito fechado, e assim por diante. As próprias crianças podem variar a posição dos aros, criando um percurso personalizado.

3 Círculo, fila, linha

Idade recomendada: 4-6 anos
Objetivo: Orientar-se no espaço em relação aos outros
Dificuldade: ✋ ✋
Materiais: Espaço amplo, música
Tempo: 15 minutos

Desenvolvimento

O educador convida as crianças a mover-se pelo espaço disponível com diversos tipos de andadura e ao ritmo da música. Ao *stop*, deverão dar as mãos e formar um círculo no menor tempo possível. É recomendável fazer as crianças começarem com o círculo formado, para depois o desfazerem e reconstruí-lo novamente.

Quando estiverem preparados para formar o círculo com rapidez, pode-se mudar a ordem: "ao *stop*, todos alinhados lado a lado", e depois, "ao *stop*, todos em fila!"

Em seguida, podem-se alternar os três comandos ao mesmo tempo entre uma andadura e outra. O jogo pode ser repetido mais vezes ao longo do tempo disponível, porque é importante para criar, mais adiante, desenhos e deslocamentos mais complexos.

4 — A folha de papel

Idade recomendada: 3-8 anos
Objetivo: Experimentar o espaço em relação a um objeto
Dificuldade: 🖐
Materiais: Folhas de papel, música
Tempo: 1 hora

Desenvolvimento
Entrega-se a cada criança uma folha de papel (página de jornal ou revista). A folha é colocada no chão ao lado da criança; liga-se a música e a cada *stop* se ouvem as ordens que devem ser realizadas quando a música é religada. "Caminhar ao redor da folha", "saltar à direita e à esquerda da folha", "correr ao redor da folha", "pular por cima", "caminhar segurando a folha para cima", "caminhar segurando a folha para trás". Pode-se repetir os mesmos comandos várias vezes. Cada criança deixa, depois, sua folha no chão. Liga-se novamente a música e todos correm no ambiente sem pisotear as folhas. Ao *stop* cada criança deverá estar sobre uma folha que não é, necessariamente, a sua. Repetir várias vezes. Depois se pode caminhar apenas pisando nas folhas sem tocar o chão. "Agora vamos fazer as folhas voarem o mais alto possível!" Com essa ordem, as crianças começam a atirar as folhas para o alto livremente. Enfim, se formará uma bola gigante de papel, que deve ser colada com fita adesiva para que todos joguem juntos. Cada ação seja acompanhada com a música.

5 Lebres e tartarugas

Idade recomendada: 3-6 anos
Objetivo: Perceber medidas no espaço
Dificuldade: 🖐
Materiais: Fita adesiva
Tempo: 15 minutos

Desenvolvimento

Com a ajuda de uma fita adesiva colorida ou de um giz desenha-se no chão dois quadrados: um muito grande (3-4m de cada lado), um pequeno (1-2m de cada lado).

O educador convida as crianças para mover-se dentro do quadrado grande velozmente, sem, porém, ferir os outros ou ultrapassar o perímetro do quadrado. Ao sinal, as crianças passarão ao quadrado pequeno, movendo-se muito lentamente. "Este é o campo das lebres, o outro é o campo das tartarugas." A cada sinal de mudança de campo, as crianças passam de uma área para a outra, mudando a velocidade de movimento várias vezes. Pode-se acrescentar um terceiro quadrado, chamado "o campo das lagartas", onde as crianças se deitam por terra; este quadrado será de tamanho médio.

6 Serpentes venenosas

Idade recomendada: 3-5 anos
Objetivo: Adquirir domínio no espaço
Dificuldade: ✋
Materiais: Espaço amplo
Tempo: 15 minutos

SSSSSSH

Desenvolvimento
O educador guia as crianças rumo a uma aventura perigosa: "Imaginem dever atravessar um campo coberto de serpentes venenosas! Vocês devem prestar muita atenção para não pisar em nenhuma, senão..."
As crianças se deitam por terra, transformando-se em serpentes. Uma criança de cada vez deve atravessar a área rapidamente sem encostar em ninguém. Poderá passar por cima, ou ao redor das serpentes, que se arrastarão lentamente por baixo dos seus pés. O jogo termina quando todos tiverem realizado o percurso.

7 Em grupos de...

Idade recomendada: 3-8 anos
Objetivo: Aprender quantidades numéricas
Dificuldade: ✋
Materiais: Espaço amplo, música
Tempo: 20 minutos

Desenvolvimento

O educador convida as crianças a realizar todos os tipos de andadura possíveis, ao som da música, segurando-se pelas mãos: "Não podem se soltar umas das outras!"

Primeiro as crianças se moverão no espaço em duplas, depois em grupos de três, quatro e cinco. Juntos deverão conseguir arrastar-se, caminhar, correr e saltar sem soltar a mão do companheiro. O educador poderá repetir a quantidade mais vezes, e as crianças devem, em pouco tempo, organizar-se em grupos, contando-se a cada vez.

8   Caminhando no escuro

Idade recomendada: 3-6 anos
Objetivo: Orientar-se no espaço sem uso da visão
Dificuldade: ✋
Materiais: Espaço amplo, música
Tempo: 15 minutos

Desenvolvimento

As crianças se organizam em duplas, à sua escolha. Uma das duas, de cada vez, guiará a outra, posicionada atrás, de olhos vendados, seguran-do-a pelas mãos. As crianças da frente se deslocam primeiro lentamente, depois cada vez mais rápido em direções diferentes; elas deverão cuidar para não deixar que os colegas guiados se machuquem. A criança de olhos vendados deverá confiar no companheiro, procurando acompanhar seus movimentos. O educador deve estar atento para que as crianças não se machuquem e não esbarrem umas nas outras.

9 Percurso guiado

Idade recomendada: 4-8 anos
Objetivo: Orientar-se no espaço através de sinais sonoros
Dificuldade: 🖐 🖐
Materiais: Tambor, apito, giz, bola
Tempo: 20 minutos

Desenvolvimento

Traça-se no chão um percurso com um alvo a ser alcançado (por exemplo, uma bola a chutar). O jogo se desenvolve em duplas, com uma criança tendo os olhos cobertos por uma venda e a outra fazendo o papel de guia sonoro. Enquanto a primeira criança caminha ao longo do percurso, a outra a guiará rumo ao objetivo por meio dos sons do tambor ou usando um apito.

O jogo termina quando todas as duplas tiverem realizado o percurso e atingido o alvo.

10 O tapete voador

Idade recomendada: 3-5 anos
Objetivo: Compreender conceitos espaciais
Dificuldade: ✋
Materiais: Um grande pedaço de tecido leve, música
Tempo: 20 minutos

Desenvolvimento

As crianças seguram, cada uma com uma mão, um pano do tamanho de um lençol; quando o educador liga a música, devem correr segurando-o bem alto e bem esticado, agitando-o no ar. Ao *stop* da música, ele grita: "Todos embaixo!" As crianças deverão ir todas para debaixo do pano, que as encobrirá. Quem ficar fora será eliminado. Por outro lado, à ordem "Todos em cima!", as crianças tentarão colocar-se em cima do pano o mais rapidamente possível, sendo a última eliminada.

11 As caixas divertidas

Idade recomendada: 3-8 anos
Objetivo: Mover-se no espaço em relação a um objeto
Dificuldade: ✋
Materiais: Caixas de papelão de sapato ou maiores, música
Tempo: 1 hora

Desenvolvimento

O educador distribui as caixas (sem tampa) às crianças, uma para cada uma. Cada criança encontra um espaço e se coloca ao lado da sua caixa. Liga-se a música e o jogo das caixas começa: a cada *stop* da música o educador irá dar um comando diferente, que as crianças devem executar ao ritmo da música: "correr em redor da caixa!", "saltar dentro!", "pular para fora!", "chutar a caixa!", "correr embaixo da caixa!", "arremessá-la para o alto e pegá-la novamente!" Sucessivamente as crianças largam sua caixa e começam a correr em redor dela no espaço disponível, sem tocá--las; depois, o educador coloca as caixas na frente das crianças a uma certa distância e lhes distribui bolinhas: "Agora vamos acertar a bolinha dentro da caixa!" As crianças devem lançar as bolinhas dentro de sua caixa. Por fim, convidam-se as crianças a construir uma torre com todas as caixas e a atirar a bola, uma de cada vez, para derrubá-la.

12 O jogo do fular

Idade recomendada: 3-8 anos
Objetivo: Descobrir o espaço utilizando um objeto
Dificuldade: 🖐
Materiais: Fular, música
Tempo: 30 minutos

Desenvolvimento

O educador distribui um fular a cada criança, liga a música e as convida a mover-se no espaço com ordens bem específicas. A cada *stop* da música se muda o movimento.

Os comandos serão os seguintes: "correr e fazer com o lenço as ondas do mar", "começou a chover, vamos nos esconder embaixo do lenço", "é um tapete voador, vamos subir nele", "vamos amarrar com ele os tornozelos e tentar pular" etc.

Depois, em duplas, um fular para cada uma, amarra-se a dupla pela cintura para que andem livremente, primeiro lentamente, depois correndo, ao ritmo mais agradável. Por fim, segurando o fular no chão, de modo que forme um retângulo: "Agora vamos construir nossa cama e deitar em cima para descansar".

13 O jogo dos travesseiros

Idade recomendada: 4-6 anos
Objetivo: Identificar a posição certa rapidamente
Dificuldade: 🖐 🖐
Materiais: Almofadas de chão, música
Tempo: 20 minutos

Desenvolvimento

O educador forma com as almofadas um círculo por terra. As almofadas devem ser do mesmo número das crianças, menos uma. A almofada que falta fará com que uma criança fique sem lugar e seja eliminada a cada disputa. As crianças correm ou caminham ao redor do círculo ao som da música, e quando o educador interrompe a música todas devem tentar sentar rapidamente sobre as almofadas. A criança que fica sem lugar é eliminada. Para animar o jogo pode-se solicitar ritmos e modos de deslocar-se variados.

A cada disputa uma almofada é retirada, para que sempre haja uma a menos do que os participantes, e o jogo continua até ficarem apenas dois jogadores e uma almofada, e um deles, por fim, seja o campeão. Pode-se utilizar banquinhos ou cadeiras em lugar das almofadas.

14 Gato e rato

Idade recomendada: 4-8 anos
Objetivo: Adquirir destreza nos movimentos
Dificuldade: 🖐 🖐
Materiais: Aros, apito, máscaras de gato
Tempo: 20 minutos

Desenvolvimento

Escolhe-se uma criança que será o gato e vestirá a máscara de papelão, todos os demais sendo os ratos; espalham-se aros grandes no chão, afastados um do outro. Os ratos se colocam dentro dos aros, que representam tocas. Delimita-se com fita adesiva uma ampla área de jogo de onde não se pode escapar.

O jogo começa. Ao som do apito, os ratos saem das tocas e fogem do gato, correndo entre os aros. Quando o gato captura um rato, esse se torna o novo gato vestindo a máscara. A cada som do apito o jogo recomeça. O jogo termina quando houver mais gatos do que ratos. Variante: gatos e ratos só podem andar engatinhando.

15 Atenção a distância

Idade recomendada: 4-8 anos
Objetivo: Adquirir conceitos espaciais (próximo/distante)
Dificuldade: 🖐 🖐
Materiais: Bolinhas leves
Tempo: 30 minutos

Desenvolvimento

O educador forma duplas homogêneas de crianças, depois distribui uma bolinha a cada uma delas. Propõe-lhes que comecem a lançar a bolinha ao colega com as mãos de uma distância muito curta, não inferior a um metro. Pode-se utilizar fita adesiva para demarcar as distâncias-limite. O educador, então, dirá: "Atire a bola bem devagar para que seu amigo consiga pegar facilmente". A bola pode ser atirada de modo normal, para frente, ou muito alto, formando uma parábola, ou para o chão, repicando para o companheiro. O educador é quem sugere o tipo de lance, de acordo com a distância em que se encontram as crianças. Vai aumentando a distância aos poucos, até fazê-los lançar a bola bem distante, dizendo: "Agora caprichem para atirar a bola com força, para que chegue até seu companheiro". As crianças aprenderão, desse modo, a medir a força e dosar a energia para cada jogada.

16 A teia de aranha

Idade recomendada: 3-8 anos
Objetivo: Reforçar a agilidade e destreza nos movimentos
Dificuldade: 🖐
Materiais: Um rolinho de barbante, música
Tempo: 1 hora

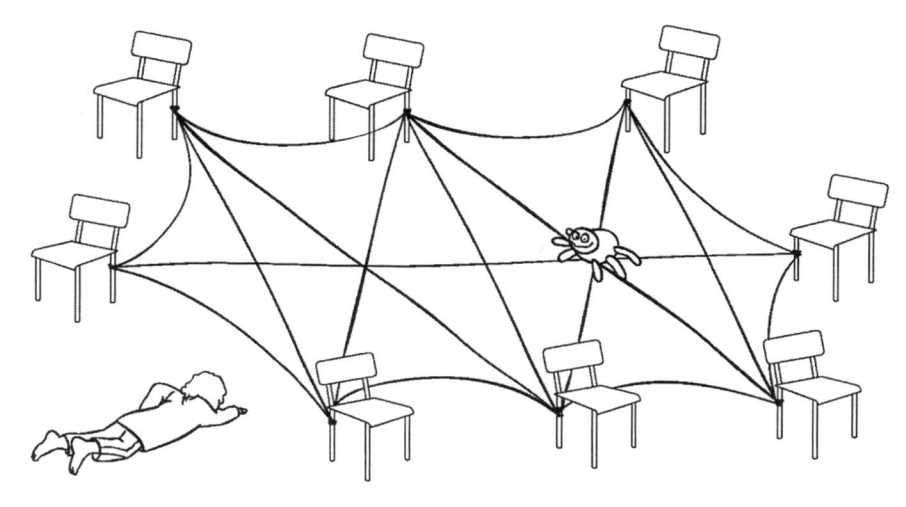

Desenvolvimento

O educador, com a ajuda das crianças, constrói uma teia de aranha gigante com o barbante, de aproximadamente 3 x 3m. Basta encontrar pontos aos quais fixar os ângulos da teia, como, por exemplo, as pernas de uma cadeira, ou algo assim, para amarrar o barbante. Os ângulos podem ser seis ou oito e devem ser fixados todos na mesma altura, a 35cm do chão. Quando a teia de aranha é concluída se coloca sobre ela, em um ângulo, uma aranha gigante (de plástico ou feita de papel preto ou espuma) e o jogo começa. Cada criança deve atravessar a teia de um lado até o outro arrastando-se por terra. O educador dirá: "Cuidado para não encostar na teia nem de leve, pois senão a aranha desperta e captura vocês!" A criança que toca a teia, fazendo-a mexer-se, é eliminada. Depois disso, o jogo se torna mais difícil, e as crianças devem atravessar a teia caminhando por cima dela, pisando entre os espaços vazios e cuidando para não encostar nos fios. Por fim, os maiores devem atravessá-la por cima em duplas, com as mãos unidas entre si ou com um elástico prendendo-os pela cintura.

17 O elástico

Idade recomendada: 3-8 anos
Objetivo: Conhecer figuras geométricas
Dificuldade: 🖐
Materiais: Fita elástica. Música, espaço amplo
Tempo: 30 minutos

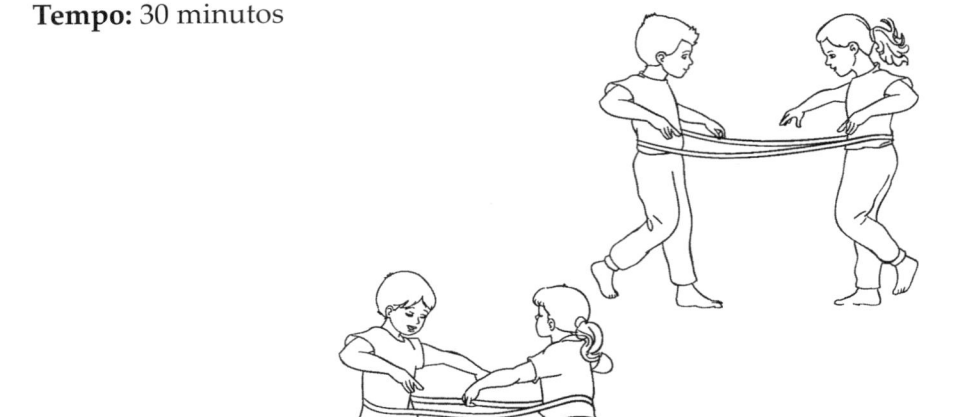

Desenvolvimento

O educador forma duplas de crianças e entrega a cada uma um elástico (com aproximadamente 2m de comprimento). As crianças se moverão ao ritmo da música com o elástico colocado na altura da cintura, primeiro uma de costas para a outra, depois uma de frente para a outra; os elásticos não devem enlear-se com os das outras duplas.

Na sequência, o educador convida as crianças a formar figuras geométricas sempre com o elástico na cintura, em grupos de três ou de quatro crianças. Em três, formarão um triângulo; em quatro um quadrado ou um retângulo. O educador orienta as crianças a deslocar-se para encontrarem o ângulo e a distância correta e as convida a descrever as formas. Por fim, em trios, pode-se brincar de pular elástico. Duas o mantêm esticado na altura da cintura e a terceira no centro salta dentro e fora aumentando cada vez a altura do elástico. Ao primeiro erro perde a vez e outra criança vai para o centro.

18 Brincando com giz

Idade recomendada: 5-8 anos
Objetivo: Desenvolver a coordenação motora em espaços delimitados
Dificuldade: 🖐 🖐 🖐
Materiais: Gizes coloridos
Tempo: 30 minutos

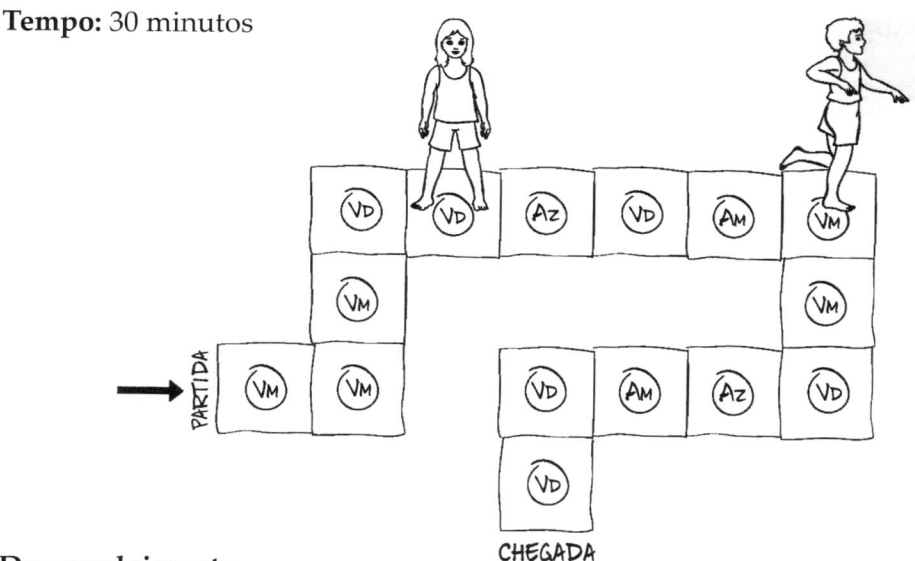

CHEGADA

Desenvolvimento

O educador desenha com giz ou fita adesiva colorida um percurso composto de casas quadradas, com um ponto de partida e um de chegada. O tamanho do percurso dependerá do espaço à disposição; em cada casa se desenha um círculo colorido, com até quatro cores diferentes; cada cor indica a posição que a criança deve assumir naquela casa. O educador mostrará o percurso às crianças sentadas de frente: "Quando vocês estiverem na casa com o círculo vermelho deverão ficar equilibradas em um pé só; no círculo verde, com os dois pés; no amarelo deverão ficar com os dois pés e as duas mãos no chão, e no círculo azul devem equilibrar-se com um pé e uma mão no chão". Para que as crianças memorizem melhor os comandos deve-se começar utilizando apenas círculos de duas cores, vermelho e verde, e se faz cada criança realizar o percurso por vez; depois acrescentam-se as outras duas cores. As crianças serão juízes enquanto observam os companheiros. A cada erro se pode recomeçar do começo, uma vez apenas.

Idade recomendada: 3-6 anos
Objetivo: Adquirir conhecimentos espaciais
Dificuldade: ✋
Materiais: Aros, música
Tempo: 25 minutos

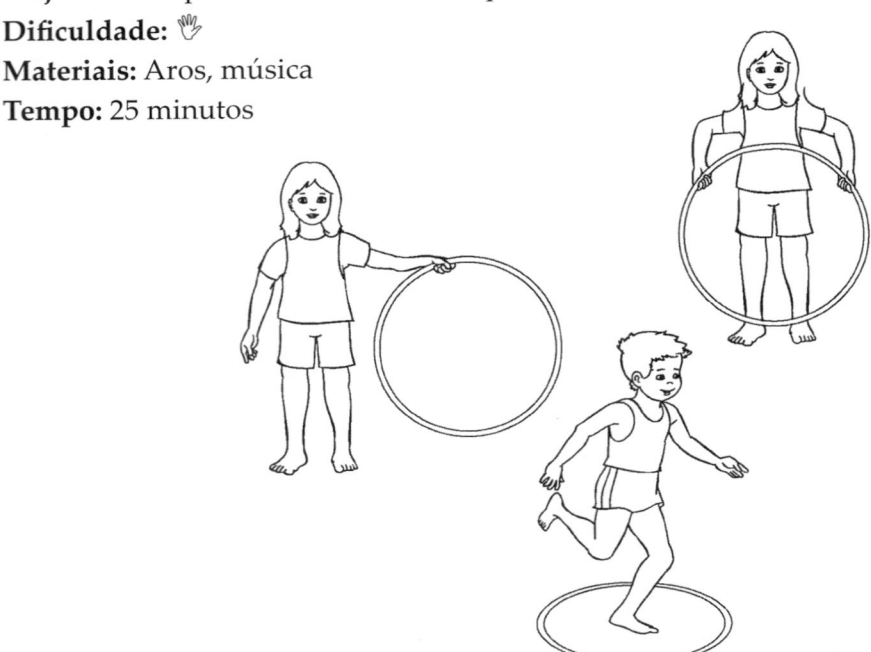

Desenvolvimento

As crianças se colocam de pé espalhadas a boa distância umas da outras; cada uma tem um aro nas mãos. Quando o educador liga a música as crianças devem mover-se de acordo com as indicações que, a cada pausa na música, o educador faz. Os comandos serão os seguintes: "Caminhar dentro do aro, caminhar fora, em volta do aro, caminhar em cima do aro, saltar para dentro e para fora do aro, segurá-lo acima da cabeça, segurá-lo às costas, do lado direito, do esquerdo..." Cada criança pode deslocar o seu aro, ficando imóvel, ou mantê-lo imóvel enquanto ela se desloca conforme for solicitado pelo educador.

"Agora segure o aro na sua frente e use-o como se fosse um volante!" As crianças caminharão fingindo estar dirigindo um caminhão com as mãos ao volante. Com as crianças maiores se pode experimentar fazer o aro girar sobre si mesmo no chão e pular por dentro dele quando ainda está girando.

20   Jogando com balões

Idade recomendada: 3-8 anos
Objetivo: Reforçar a coordenação motora e a orientação em um espaço delimitado
Dificuldade: ✋
Materiais: Fita adesiva, balões
Tempo: 30 minutos

Desenvolvimento

O educador desenha um quadrado no chão com fita adesiva colorida (2 x 2m), depois entrega um balão a cada criança sentada; quatro crianças são chamadas de cada vez para jogar dentro do quadrado; não devem sair desse espaço delimitado e devem cuidar para que seu balão não caia no chão do lado de fora; o educador diz: "Cuidado! Dê uma palmada no balão lançando-o para o alto, não o deixe cair no chão!" Cada vez que um dos balões cai no chão ou sai do quadrado, o grupo todo sai e dá lugar a um novo grupo. Todos os grupos podem repetir o jogo ao menos duas vezes, para pegarem prática. No final, quatro crianças escolhidas entram no quadrado, e as outras formam um círculo ao redor delas. As do centro devem bater nos balões, lançando-os para fora do quadrado, enquanto quem está ao redor bate, tentando fazê-los retornar para dentro.

21 Boliche

Idade recomendada: 4-8 anos
Objetivo: Adquirir capacidade de direcionamento de um objeto
Dificuldade: 🖐 🖐
Materiais: Bastões, latas ou potes, bolas grandes e pequenas
Tempo: 30 minutos

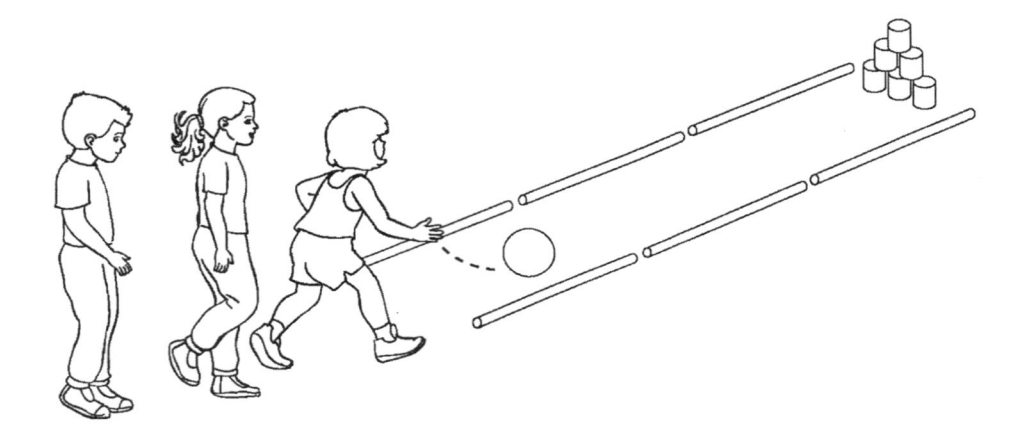

Desenvolvimento
Prepara-se com dois bastões de madeira uma pista de boliche mais ou menos longa, de acordo com a dificuldade que se deseja aplicar ao jogo. No fim da pista posicionam-se os pinos, ou, então, latas vazias em forma de pirâmide. As crianças formam uma fila, e uma de cada vez lançará sua bola para derrubar o máximo de pinos ou latas possível. A primeira partida pode ser realizada com uma distância pequena de lance, para ir aumentando-a em seguida. Também se pode variar os tipos de bola utilizados para aumentar o grau de dificuldade; por exemplo, de bolas de futebol a bolas de tênis.
Quando a criança derruba apenas um pino ou uma lata tem direito a um novo arremesso. Vence quem derrubar todos em sua jogada.

22 Como flocos de neve

Idade recomendada: 3-6 anos
Objetivo: Reforçar o domínio dos deslocamentos
Dificuldade: ✋
Materiais: Música, *souvenir*
Tempo: 20 minutos

Desenvolvimento

O educador convida as crianças a observar um daqueles *souvenirs* com neve falsa, e, agitando-o, as faz verem como os flocos de neve em movimento vão caindo por toda a superfície de maneira homogênea, depois dirá: "Nós somos como esses flocos de neve e quando nos movermos vamos ocupar todo o nosso espaço, sem deixar nenhum lugar vazio". Nesse momento, as crianças ficam de pé e esperam o comando do educador que, ao som da música, as faz caminhar, correr, saltar ou arrastar-se. As crianças devem mover-se preenchendo todos os espaços vazios, mudando constantemente de posição e de direção.

23 Um, dois, três... Estrela!

Idade recomendada: 4-8 anos
Objetivo: Reforçar o senso de orientação espacial
Dificuldade: 🖐 🖐
Materiais: Papel branco, canetinhas, venda
Tempo: 25 minutos

Desenvolvimento

O educador prepara uma cartolina grande para prender na parede; no centro, desenhará uma estrela bem grande. Na frente da cartolina deve haver um espaço de ao menos 4m, para ser percorrido sem obstáculos. Uma criança por vez se coloca a distância, no ponto de partida, diante da estrela. Em seguida, será vendada e deve caminhar com os braços abertos para frente, rumo à estrela, até tocá-la. Quem toca o ponto mais central é o vencedor.

Sobre a cartolina será marcado o nome de cada criança e o ponto exato em que tocou, para verificar e comparar os resultados. É importante que cada criança, antes de ser vendada, tenha tempo de visualizar e memorizar o espaço a percorrer.

24 Minigolfe

Idade recomendada: 4-8 anos
Objetivo: Adquirir coordenação ocular e manual
Dificuldade: 🖐 🖐
Materiais: Bastões, bolinhas, arcos de papelão
Tempo: 1 hora

Desenvolvimento

O educador pode criar um campo de minigolfe com arcos, túneis, triângulos de papelão, cadeiras ou outros materiais. Naturalmente, devem ser obstáculos que a bolinha possa facilmente superar. Para as tacadas, utilizam-se bastões de madeira e bolinhas (melhor se forem de plástico duro, ou de borracha) suficientemente pesadas.

Começa o jogo. Cada criança em fila espera sua vez para jogar. Se conseguir superar o primeiro obstáculo pode continuar com o segundo, e assim por diante, até terminar o percurso. Caso contrário, aguardará novamente sua vez para continuar do mesmo lugar. Vence quem consegue chegar ao final com o menor número de tacadas.

25 O detector

Idade recomendada: 3-5 anos
Objetivo: Adquirir conhecimento do espaço (grande-pequeno)
Dificuldade: ✋
Materiais: Bastõezinhos, papelão, gizes
Tempo: 20 minutos

Desenvolvimento

O educador prepara dois detectores de metal com um bastãozinho e um círculo de papelão, um com um círculo muito grande, outro com um pequenino. Em seguida desenha no chão, com um giz, um círculo bastante amplo, e, um pouco distante, um círculo pequeno.

O jogo começa, as crianças correm fora dos círculos formando um oito em volta deles; ao som do apito, o educador levanta um detector: se for o grande, as crianças devem parar no círculo grande, se for o outro, devem posicionar-se no círculo pequeno. Quem erra é eliminado e o jogo continua com as crianças restantes.

26 Longo/curto

Idade recomendada: 3-5 anos
Objetivo: Perceber conceitos espaciais (longo/curto)
Dificuldade: ✋
Materiais: Pinos, aros, cadeiras, apito
Tempo: 30 minutos

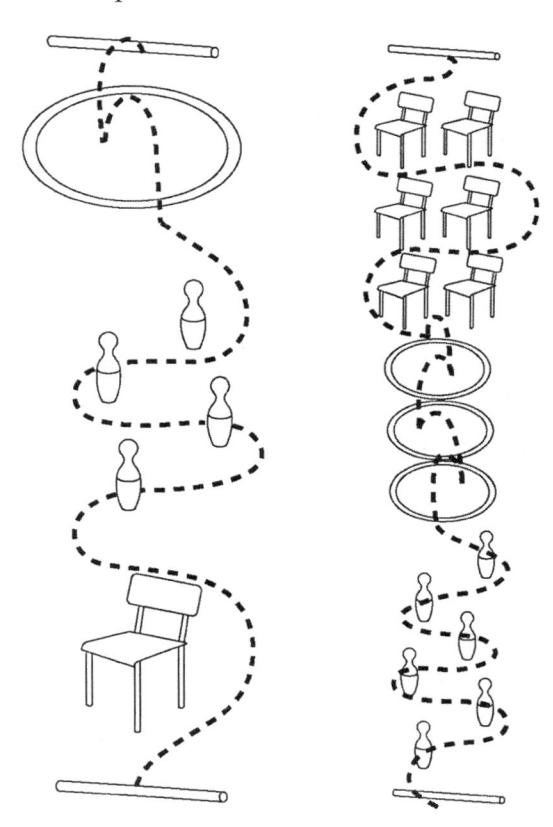

Desenvolvimento

O educador prepara no centro da sala dois percursos diversos, paralelos entre si: um será muito mais longo do que o outro. Podem ser utilizados cadeiras, bancos, aros etc.

As crianças correm por perto, em volta dos percursos. Ao som do apito devem entender qual percurso atravessar: um som prolongado = percurso longo; som breve, percurso curto. É melhor fazer com que joguem em cinco ou seis de cada vez. Cada grupo deverá realizar ambos os percursos ao menos duas vezes.

Idade recomendada: 3-6 anos
Objetivo: Perceber conceitos espaciais (em cima-embaixo)
Dificuldade: 🖐
Materiais: Mesas, cadeiras
Tempo: 30 minutos

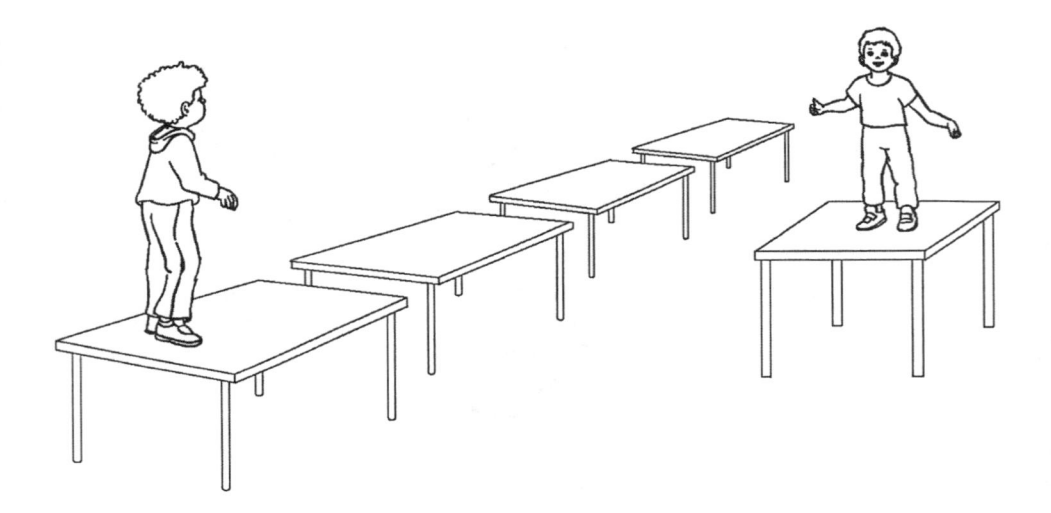

Desenvolvimento

O educador prepara um percurso feito de cadeiras e mesas juntas umas das outras. Não é importante que sejam da mesma altura, mas deve ser possível às crianças passar por baixo delas sem dificuldade, bem como caminhar sobre elas. Uma criança maior fará o papel de indicador, cabendo a ela decidir se o percurso deve ser realizado passando por cima ou por baixo; para dar a indicação, ele se colocará, cada vez, ou em cima de uma mesa, ou ficará acocorado embaixo dela. As crianças correm em volta do percurso e, ao som do apito, devem realizar uma depois da outra o percurso central, observando a posição da criança indicadora.

28 Percurso com obstáculos

Idade recomendada: 3-8 anos
Objetivo: Reforçar conceitos espaciais
Dificuldade: ✋
Materiais: Cadeiras, mesas, aros, bolas, pinos, fita adesiva
Tempo: 30 minutos

Desenvolvimento

O educador prepara com a ajuda das crianças maiores um percurso delimitado por duas linhas paralelas de fita adesiva colorida. O percurso deve conter numerosos obstáculos para serem vencidos passando por baixo, por cima, pelo lado. Pode-se utilizar cadeiras, mesas, aros, pinos, cubos, bolas etc. O importante é deixar entre um objeto e outro uma margem de espaço suficiente para a passagem da criança. As crianças se colocam em fila e partem uma de cada vez. Elas devem vencer os obstáculos, escolhendo entre passar por cima, por baixo, do lado, conforme sua preferência e as possibilidades que o espaço permitir, até o final. Vence quem consegue percorrer o trajeto em menor tempo sem invadir o espaço além dos limites da fita adesiva.

29 Slalom

Idade recomendada: 4-6 anos
Objetivo: Desenvolver a orientação espacial
Dificuldade: 🖐 🖐
Materiais: Espaço amplo
Tempo: 15 minutos

Desenvolvimento
O educador coloca as crianças em fila distantes uma da outra, deixando um adequado espaço diante da primeira. Ao seu sinal, a criança da frente deve fazer o *slalom* correndo entre as outras e parar no fundo. Imediatamente parte o primeiro da fila, e assim por diante, até que todos os participantes tiverem realizado o *slalom*. O exercício pode ser repetido várias vezes com diferentes modos de andar; por exemplo, com um pé só, engatinhando ou saltando com os pés juntos. Na medida em que a fila volta ao começo, as crianças devem recuar para recuperar o espaço.

30 Bola na cesta

Idade recomendada: 4-8 anos
Objetivo: Perceber distâncias e coordenação
Dificuldade: 🖐 🖐
Materiais: Aros, bolas, cesta
Tempo: 30 minutos

Desenvolvimento

Dividem-se as crianças em dois ou três grupos de acordo com o espaço disponível. Cada grupo deve dispor de ao menos duas bolas, um aro e duas crianças para dirigir o jogo, uma que segura o aro levantado e outra que devolve as bolas aos jogadores.

Os grupos podem jogar ao mesmo tempo. Os jogadores a uma distância predefinida devem lançar a bola mirando dentro do aro. O aro pode ser substituído depois por uma cesta de basquete ou um cesto colocado no chão a uma boa distância, para divertirem-se fazendo cestas.

Jogos de equilíbrio

Esta área compreende trinta exercícios voltados para a aquisição e o reforço do equilíbrio. Os jogos motores propostos permitirão uma progressiva percepção de uma correta postura corporal e a criança aprenderá a brincar com a força da gravidade durante as posições de equilíbrio estático.

O jogo de equilíbrio pode ser divertido para a criança, porque permite experimentar posições com as quais não está acostumado. Além disso, é fundamental para sua capacidade de regular a tonicidade muscular, para saber dosar a energia motriz, melhorando a segurança, os reflexos e a coordenação em geral.

As posições de equilíbrio melhoram também a capacidade de autocontrole da criança, e a percepção do eixo de simetria corporal reforça, portanto, a lateralização, ou seja, a independência motora de ambos os lados.

Os exercícios não precisam de espaço muito amplo e se subdividem em jogos de equilíbrio estático e dinâmico.

1 O flamingo

Idade recomendada: 3-6 anos
Objetivo: Treinar uma posição de equilíbrio estático
Dificuldade: 🖐
Materiais: Música
Tempo: 15 minutos

Desenvolvimento

O educador explica o jogo às crianças, organizando-as em pé e espalhadas na sua frente. "Vocês sabem como dorme o flamingo? Dorme equilibrando-se em uma só perna, mantendo a outra dobrada perto do abdômen. Experimentem descansar como flamingos!" Depois de experimentar e ficar mais de uma vez na posição equilibrando-se em um pé só, de ambos os lados, o educador liga a música e faz com que as crianças se movam no ritmo. Quando interrompe a música, as crianças devem assumir a posição de equilíbrio. Se a música tocada for mais agitada, naturalmente será mais difícil parar de repente em equilíbrio. Gradualmente, o educador aumentará o tempo de imobilidade, de 3 a 10 segundos.

2   O funâmbulo

Idade recomendada: 3-5 anos
Objetivo: Experimentar o equilíbrio dinâmico
Dificuldade: ✋
Materiais: Fita adesiva, giz
Tempo: 15 minutos

Desenvolvimento

O educador desenhará uma linha longa com a fita adesiva colorida no centro do espaço. As crianças devem caminhar em fila, um pé na frente do outro, em cima da linha. O educador dirá: "Somos como os funâmbulos, estamos caminhando em cima de um fio! Vamos abrir os braços, mantendo o olhar para frente".

Então o educador desenha uma linha ondulada com o giz e convida as crianças para caminhar em cima. "É mais fácil ou mais difícil? Por que, na opinião de vocês?"

3   Um caminho perigoso

Idade recomendada: 3-6 anos
Objetivo: Reforçar o equilíbrio dinâmico
Dificuldade: 🖐 🖐
Materiais: Cubos ou bancos de madeira ou plástico
Tempo: 15 minutos

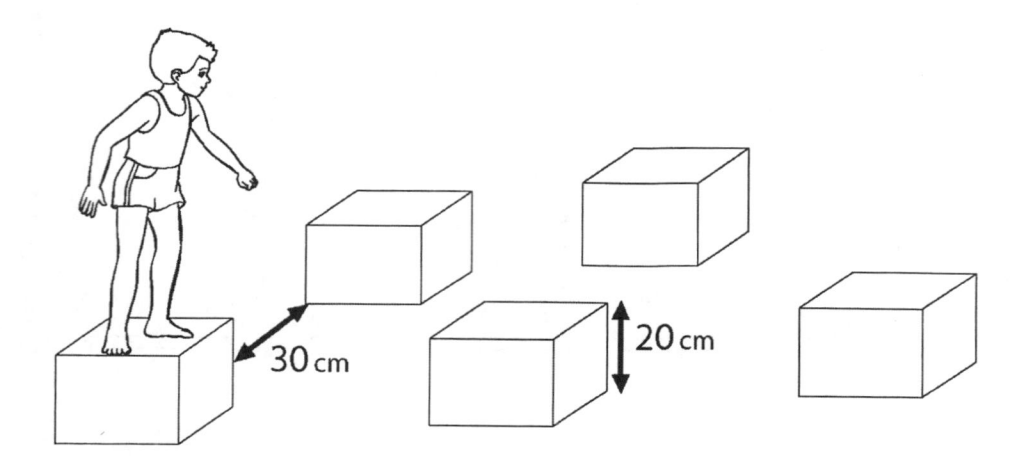

Desenvolvimento
No centro da sala o educador traçará um caminho imaginário com cubos ou bancos (com ao menos 20cm de altura), de um lado a outro da sala, depois dirá: "Agora, crianças, devemos atravessar o rio caminhando sobre essas pedras, cuidem para não molhar os pés!" Caminhando lentamente, as crianças fazem o percurso várias vezes, uma depois da outra, mantendo uma distância adequada.

4   O manuseador de fantoches

Idade recomendada: 3-5 anos
Objetivo: Experimentar posturas diversas
Dificuldade: ✋
Materiais: Um fantoche de madeira
Tempo: 20 minutos

Desenvolvimento

O educador convida as crianças, colocadas espalhadas na sua frente, a imitar as posições que o fantoche em suas mãos assumirá. O próprio educador, de vez em quando, também muda de posição dizendo: "Devemos fazer tudo que faz o boneco, prestem atenção às suas posições". As posições serão:

- ficar em um pé só, com a perna esticada para frente;
- ficar em um pé só, com a perna dobrada para frente;
- ficar em um pé só, com a perna esticada para a lateral etc.

Experimentam-se diferentes posições com ambas as pernas acrescentando também a posição dos braços (para fora, para o alto, para frente etc.).

5 Os garçons

Idade recomendada: 4-8 anos
Objetivo: Experimentar coordenação e equilíbrio em movimento
Dificuldade: 🖐 🖐
Materiais: Fita adesiva, pratos de plástico, objetos (comida de brinquedo), mesas e cadeiras
Tempo: 25 minutos

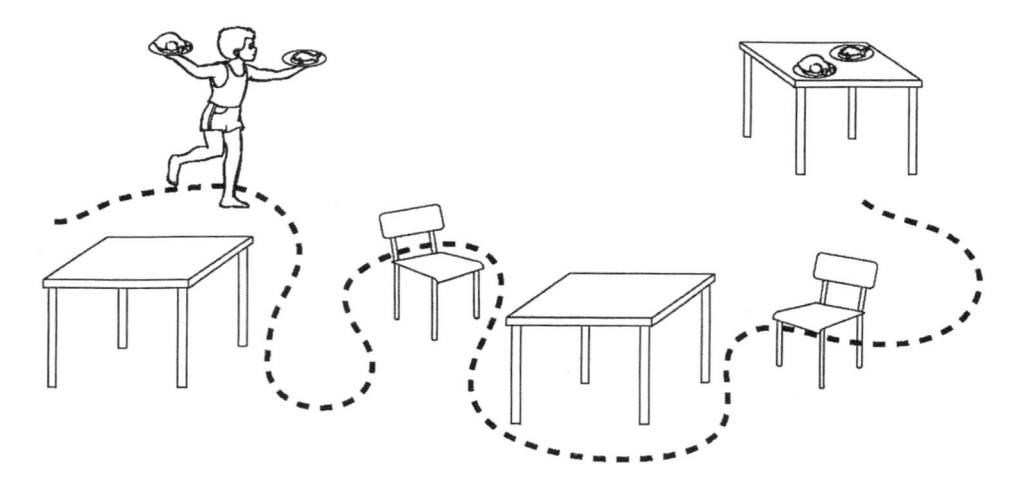

Desenvolvimento

O educador prepara um percurso retilíneo com duas linhas paralelas de fita adesiva colada no chão. Depois entrega a cada criança dois pratos de plástico com objetos leves dentro. Então convida as crianças a caminharem dentro do percurso traçado segurando os pratos sobre as duas mãos. "Vocês são os garçons e devem entregar a comida sem deixar nada cair!" Se alguma coisa cair, tem que recomeçar o percurso do começo.

Em um segundo momento, o educador cria um percurso sinuoso com mesinhas e cadeiras onde as crianças deverão passar com agilidade sempre com os pratos sobre as mãos. Na chegada, podem apoiar os pratos sobre uma mesa grande. Com as menores, pode-se utilizar um só prato.

6 · O jogo do estropiado

Idade recomendada: 4-6 anos
Objetivo: Experimentar equilíbrio em movimento
Dificuldade: 🖐 🖐
Materiais: Tamborim
Tempo: 25 minutos

1, 2, 3...
MUDANDO DE PERNA!

Desenvolvimento

As crianças ficam em fila espaçadas umas das outras e, ao ritmo do tamborim, deverão saltar com um pé, mudando de perna quando o educador der o sinal: "Vamos contar até dois e mudar de perna. Atenção ao ritmo. Um, dois, mudando; um dois, mudando", e assim por diante. O educador aumentará a dificuldade na medida em que as crianças vão adquirindo confiança e segurança no jogo. De dois saltos se pode chegar a contar até dez, saltando com um pé só. Por fim, pode-se fazer uma disputa, duas por vez, e vence quem atinge a linha de chegada sem encostar o pé no chão.

7 A bolinha na colher

Idade recomendada: 5-8 anos
Objetivo: Aumentar destreza e coordenação motora com uso de objetos
Dificuldade: 🖐 🖐 🖐
Materiais: Colheres de plástico, bolinhas de pingue-pongue
Tempo: 30 minutos

Desenvolvimento

O educador traça uma linha de chegada com fita adesiva, entrega a cada criança a colher e a bolinha, dizendo: "Vocês devem segurar a colher com a boca e colocar em cima a bolinha, cuidado para não deixá-la cair", "Proibido usar as mãos!"

As crianças em grupo de quatro devem percorrer o trajeto até a linha de chegada com a colher na boca andando engatinhando. Em um segundo momento, pode-se tentar fazer o trajeto em pé com as mãos atrás das costas.

8 Duplas em equilíbrio

Idade recomendada: 4-8 anos
Objetivo: Reforçar o equilíbrio estático
Dificuldade: ✋ ✋
Materiais: Nenhum
Tempo: 15 minutos

Desenvolvimento

O educador forma duplas de crianças, se possível da mesma altura, depois diz: "Agora coloquem-se uma de frente para a outra e segurem-se pelas mãos". As crianças deverão levantar uma perna de cada vez, esticada para trás, ao mesmo tempo, sem cair e sem fazer cair o colega. A mesma coisa, com a perna esticada para o lado. Na medida em que adquirem segurança, devem manter as posições por mais tempo. Em seguida, o educador dirá: "Agora coloquem-se de costas uma contra a outra, segurando-se pelos braços entrelaçados". O educador mostra a posição. Nessa posição levantam uma perna para frente e depois a outra.

9 O muro

Idade recomendada: 4-8 anos
Objetivo: Reforçar a capacidade de manter uma posição estática
Dificuldade: 🖐 🖐
Materiais: Nenhum
Tempo: 10 minutos

Desenvolvimento
O educador coloca as crianças espalhadas e explica o exercício colocando-se diante delas, dizendo: "Somos como muros, os muros não se mexem, mas são imóveis, fortes". Depois acrescenta: "Agora, levantem os braços perto das orelhas, com as palmas viradas para frente". Nessa posição as crianças são convidadas a ficar na ponta dos pés e permanecer paradas. Tentar várias vezes convidando as crianças a ficar eretas e ao mesmo tempo esticar-se para o alto.

10 Os pássaros

Idade recomendada: 4-8 anos
Objetivo: Reforçar o equilíbrio estático usando posições não rotineiras
Dificuldade: 🖐 🖐
Materiais: Nenhum
Tempo: 15 minutos

Desenvolvimento

O educador, em pé na frente das crianças, mostra-lhes a posição estática do pássaro e diz: "Façamos de conta que estamos voando no céu, como os pássaros no ar".

Primeiro as crianças experimentarão posições simples, com os braços abertos, uma perna recolhida atrás, mantendo a posição assumida; depois tentarão levantar uma perna esticada para trás um pouco mais. Por fim, esticarão a perna para trás projetando o peito para frente.

Quando tiverem adquirido segurança e confiança com ambas as pernas, podem experimentar a posição definitiva. O educador dirá: "Agora, crianças, vamos tentar levantar a perna e dobrar o joelho, projetando o busto para frente e os braços abertos virados para trás. Agora somos verdadeiros pássaros. A perna de trás é a cauda e os braços são as nossas asas". Pode-se fazer uma competição para ver quem mantém a posição por mais tempo.

11 Os elefantes

Idade recomendada: 3-5 anos
Objetivo: Experimentar novos esquemas motores
Dificuldade: 🖐
Materiais: Música (calma)
Tempo: 10 minutos

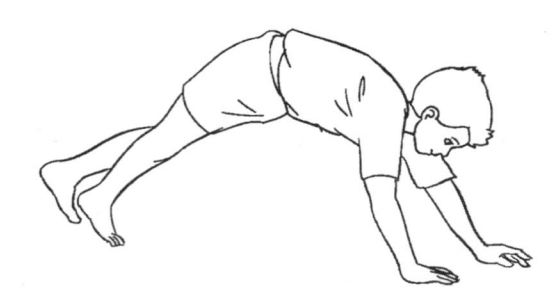

Desenvolvimento

As crianças caminham com ajuda da música como se fossem grandes elefantes: mãos e pés por terra, braços e pernas esticados. O educador diz: "Os elefantes são muito pesados e se movem lentamente". Quando para a música, as crianças se detêm, levantam um braço e mantêm a posição, e o educador diz: "Os elefantes balançam a tromba".

12 A vela

Idade recomendada: 4-8 anos
Objetivo: Reforçar o equilíbrio e a tonicidade muscular
Dificuldade: ✋ ✋
Materiais: Nenhum
Tempo: 15 minutos

Desenvolvimento

As crianças se deitam por terra de costas no chão e devem levantar as pernas juntas esticadas para o alto e depois retorná-las. Em seguida, levantam também a bacia com a ajuda das mãos, glúteos e abdômen contraídos para manter a posição. O educador ajudará as crianças a esticar-se com os pés para o alto e enrijecendo o corpo enquanto diz: "Vamos ver qual é a vela mais alta: estiquem os pés para perto do teto!"
Em seguida dirá: "Agora vamos fazer o jogo das velas. Quando digo 'velas acesas', vocês esticam os pés para o alto; quando digo 'velas apagadas', vocês baixam as pernas para o chão".

13 Circuito interrompido

Idade recomendada: 3-6 anos
Objetivo: Reforçar o equilíbrio dinâmico
Dificuldade: ✋
Materiais: Fita adesiva
Tempo: 20 minutos

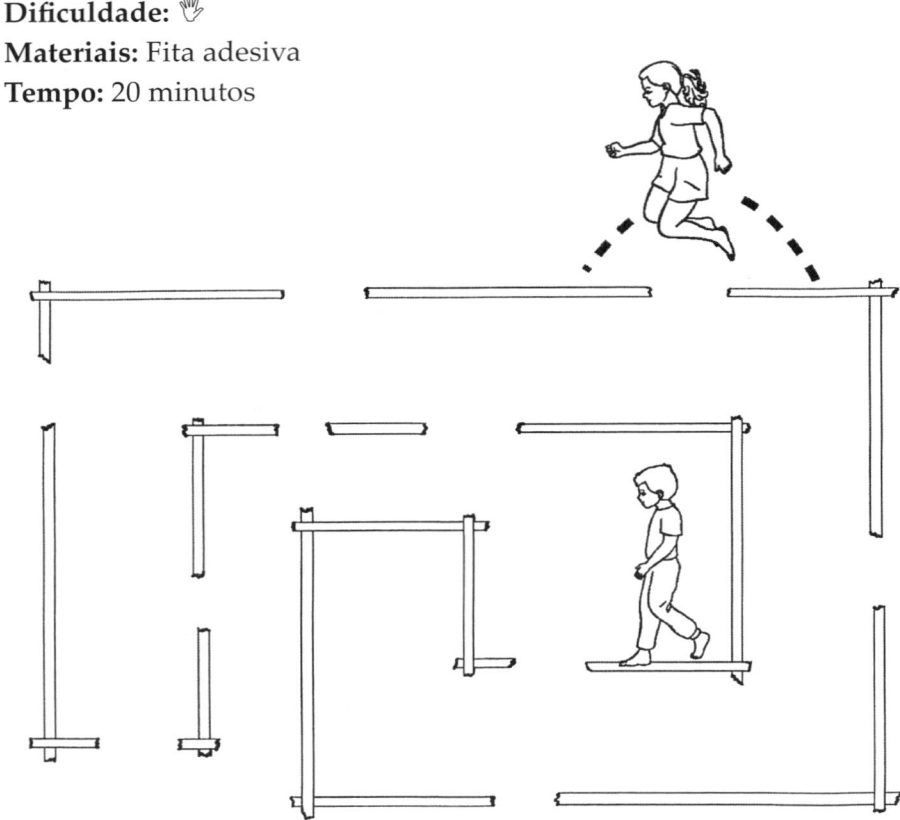

Desenvolvimento

O educador traça com a fita adesiva um circuito quadrado interrompido em alguns pontos: pode ser também concêntrico para aumentar a dificuldade.

As crianças em fila deverão caminhar sobre as linhas do circuito colocando um pé, antepé e saltando quando há pontos de interrupção da linha, cuidando para pisar sempre na linha; o mesmo pode ser feito caminhando na ponta dos pés. A distância dos saltos será com base na dificuldade que se quer imprimir ao jogo (de 30cm a 60cm ou mais).

14 A roda bamba

Idade recomendada: 4-6 anos
Objetivo: Aumentar os reflexos e a capacidade de adaptação postural
Dificuldade: 🖐 🖐
Materiais: Nenhum
Tempo: 15 minutos

Desenvolvimento

As crianças ficam de pé e formam um círculo segurando-se nas mãos; o educador mostrará posições diferentes de equilíbrio que todos devem assumir juntos, e dirá: "Agora vamos levantar a perna para frente e permanecer assim. Vamos cuidar para não perder o equilíbrio e não soltar as mãos! Agora a outra perna. Se alguém está caindo, os outros devem ajudá-lo a equilibrar-se". Pode-se tentar também com uma perna esticada para trás ou dobrando o joelho erguendo a perna e abaixando-a, ou ainda saltar todos juntos e descer.

O mesmo exercício pode ser realizado segurando-se pelas mãos sobre os ombros dos companheiros do lado. Mais difícil é tentar sentar por terra com as pernas cruzadas e conseguir levantar-se todos juntos.

15 A luta dos pintinhos

Idade recomendada: 5-8 anos
Objetivo: Reforçar destreza e resistência
Dificuldade: 🖐 🖐 🖐
Materiais: Nenhum
Tempo: 30 minutos

Desenvolvimento

As crianças sentam-se no chão em forma de círculo. Em duplas irão ao centro da roda para desafiar-se na luta dos pintinhos; os dois participantes ficam de cócoras e devem saltar de modo a desequilibrar o adversário e fazê-lo cair.

Ao sinal do educador começa a disputa: não é permitido usar as mãos, mas apenas os ombros para atacar. Os lutadores devem dar pequenos impulsos de lado com a parte externa do braço dobrado, mantendo-se em equilíbrio ao saltar, sem levantar da posição de cócoras. Cada vez que uma criança cai por terra passa-se a outra dupla.

16 Enchendo a cesta

Idade recomendada: 5-8 anos
Objetivo: Adquirir destreza e novas habilidades motoras
Dificuldade: 🖐 🖐 🖐
Materiais: Bolas de tênis, cestos, recipientes grandes, pinos de boliche, obstáculos, aros e outros materiais para fazer percursos
Tempo: 30 minutos

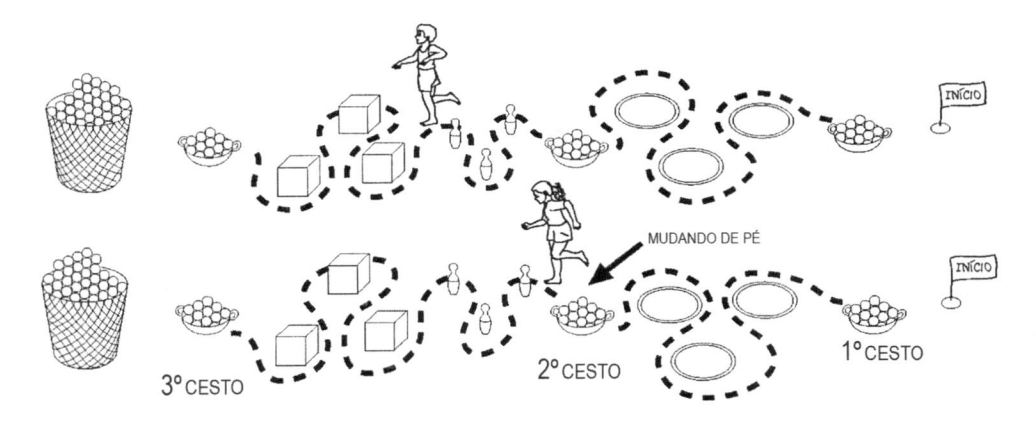

Desenvolvimento
O educador prepara dois percursos paralelos com cestos contendo bolinhas, com cerca de 2m de distância entre si. Depois divide as crianças em dois times. A cada time entrega um cesto para se segurarem. Os dois times começam ao sinal do educador. A primeira criança da fila tem nas mãos o seu cesto para encher; ela irá apanhar quantas bolinhas conseguir, saltando com um pé só, até alcançar a linha de chegada, onde derramará as bolinhas no recipiente de seu time. Entre um cesto e outro pode mudar de pé. Quando os primeiros dois participantes tiverem enchido seu cesto, podem partir os dois segundos, e assim por diante até passar todos da fila. Vence a equipe que encher com mais bolinhas a sua cesta, sendo descartadas as bolinhas que caíram no chão.

17 A ponte

Idade recomendada: 3-5 anos
Objetivo: Reforçar o equilíbrio dinâmico
Dificuldade: 🖐
Materiais: Mesas, colchonetes
Tempo: 20 minutos

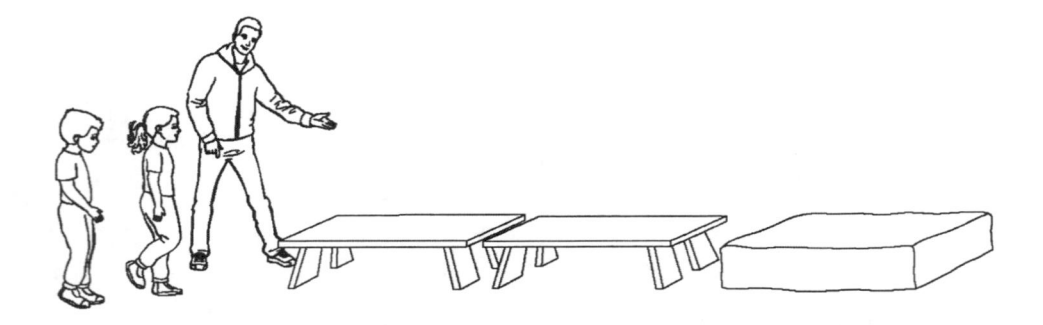

Desenvolvimento

 O educador prepara uma rota de mesas em sequência e próximas e um colchonete de chegada, depois coloca as crianças em fila diante do ponto de partida e diz: "Agora, crianças, atravessaremos uma ponte perigosa! Embaixo há um grande precipício, não olhem para baixo!; uma criança de cada vez, com ajuda do educador, caminhará por cima das mesas até o ponto de chegada, onde deverá lançar-se sobre o colchonete. Das mesinhas pode-se passar a um eixo de equilíbrio: as crianças menores podem dar a mão ao educador para ficarem mais seguras, até que adquiram a confiança necessária.

18 O desfile

Idade recomendada: 4-8 anos
Objetivo: Adquirir uma correta postura e equilíbrio em movimento
Dificuldade: ✋ ✋
Materiais: Livros
Tempo: 35 minutos

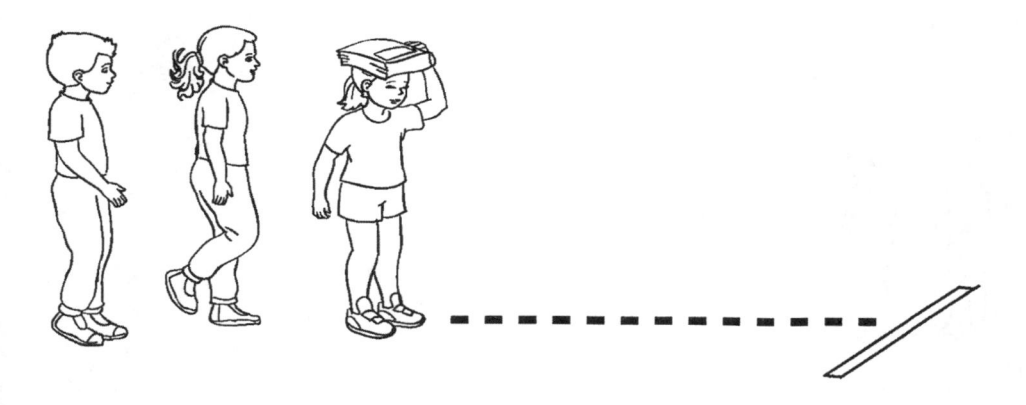

Desenvolvimento
O educador coloca as crianças em fila, entrega à primeira um livro ou outro objeto para colocar sobre a cabeça. Cada criança deve caminhar até uma linha de chegada e retornar para a fila com o objeto na cabeça, sem deixá-lo cair. Se cair, deve repetir o percurso, e, na volta, entrega o livro à próxima da fila, que fará o mesmo trajeto, e assim por diante até que todas tenham conseguido fazer seu desfile perfeitamente.
Em seguida, o educador divide as crianças em duas filas para que desfilem em duas de uma vez. Aquela que for e voltar em menor tempo será a vencedora.

19 Salto em altura

Idade recomendada: 3-8 anos
Objetivo: Adquirir destreza, elevação e equilíbrio
Dificuldade: ✋
Materiais: Elástico
Tempo: 30 minutos

 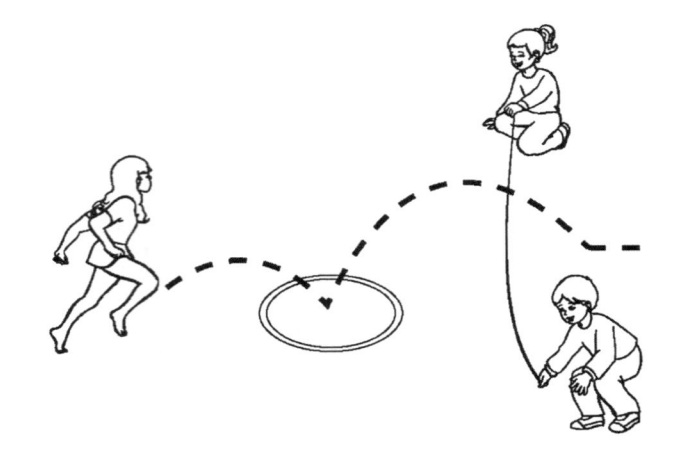

Desenvolvimento

O educador fixa um elástico em dois bastões fincados no chão, ou pede para duas crianças segurá-lo a uma distância de cerca de 3m. O elástico deve estar a uma altura não superior a 30cm no início. Uma criança de cada vez deverá saltar a corda várias vezes, da forma que quiser.

Em um segundo momento, o educador traça uma distância de partida adequada ao arranque, depois desenha um círculo a 1m antes da linha elástica. As crianças deverão correr rápido, dar impulso com o pé direito (se for canhoto, o esquerdo) dentro do círculo e saltar por cima do elástico. Palmas para quem conseguir aterrar com os dois pés juntos.

A corda elástica aumenta de altura gradualmente, de acordo com a dificuldade que se quer dar ao exercício.

20   O baile da bola

Idade recomendada: 4-8 anos
Objetivo: Melhorar a atenção e a destreza utilizando um objeto
Dificuldade: ✋ ✋
Materiais: Música, bola
Tempo: 25 minutos

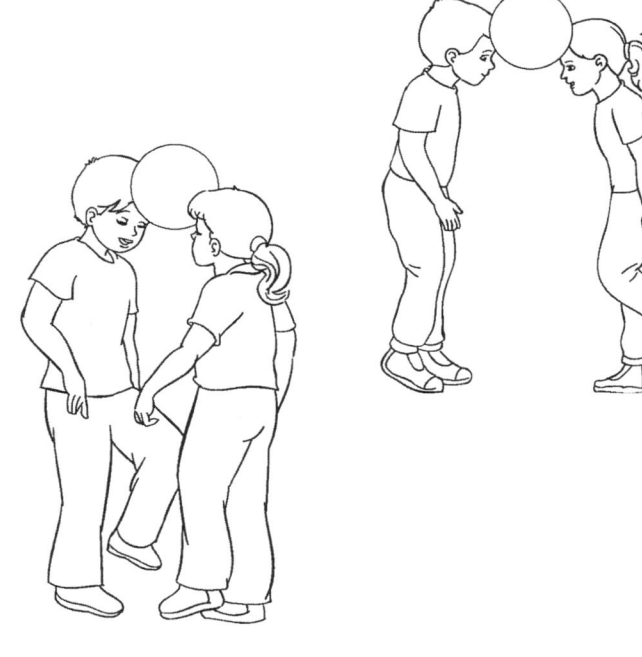

Desenvolvimento

O educador forma duplas de crianças da mesma altura e entrega, a cada uma, uma bola. As duplas deverão posicionar-se segurando a bola na altura da testa, evitando usar as mãos; a bola deve ser equilibrada apenas usando a testa de uma contra a da outra.

As crianças devem deslocar-se de acordo com o ritmo da música, mantendo a bola firme no alto, sem deixá-la cair. Depois de alguns minutos de treino, o educador dá início ao jogo. Quando a música para se pode pegar a bola com as mãos; quando recomeça, retorna-se à dança.

Cada vez que uma dupla deixa cair a bola ou a segura com as mãos é eliminada, e as outras duplas prosseguem até que sobre uma dupla campeã.

21 As pegadas

Idade recomendada: 4-6 anos
Objetivo: Desenvolver coordenação e lateralidade
Dificuldade: 🖐 🖐
Materiais: Folhas de papel colorido, lápis, tesoura, fita adesiva
Tempo: 45 minutos

Desenvolvimento

O educador convida as crianças a tirar os calçados e desenhar nas folhas de papel colorido seus próprios pés; uma vez traçado o contorno, recorta-os com a tesoura.

Então o educador posiciona os pés de papel colorido colando-os no chão, de modo que forme um longo trajeto; naturalmente, colocará próximos os pares de pés (esquerdo e direito).

As crianças, uma depois da outra, deverão caminhar sobre seus pés de papel, cuidando para não pisar fora do caminho das pegadas; em fila, caminham lentamente diversas vezes sobre as pegadas no chão.

Em seguida, o educador as convida a aumentar a velocidade, e, por fim, a correr, e, inclusive, saltar com os pés juntos, pisando a cada vez um par de pegadas.

22 Sobe e desce

Idade recomendada: 4-6 anos
Objetivo: Melhorar a destreza e o equilíbrio dinâmico
Dificuldade: 🖐️ 🖐️
Materiais: Barra de equilíbrio, colchonetes, mesinhas, cadeiras, cubos, aros ou outros objetos e materiais
Tempo: 20 minutos

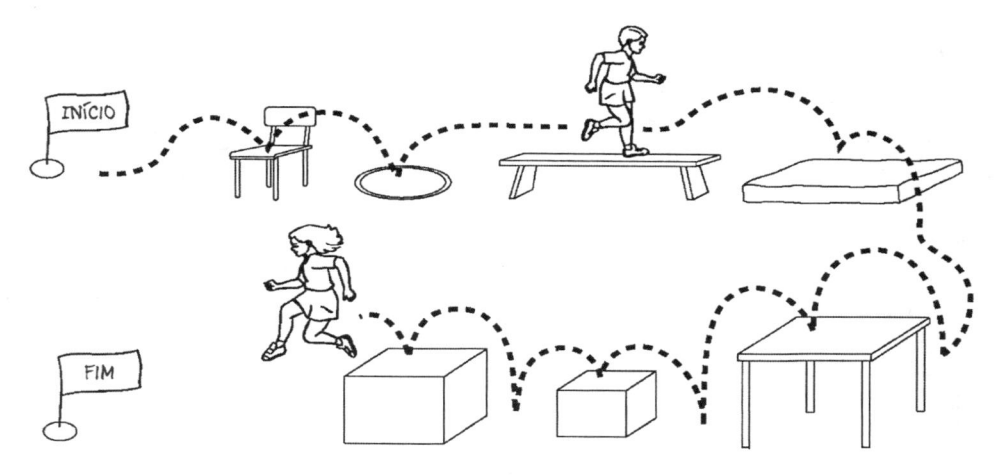

Desenvolvimento

O educador, com ajuda das crianças, constrói um trajeto com mesas, cadeiras, colchonetes, barras de equilíbrio, aros e outros materiais: o importante é formar um sobe e desce contínuo.

Por exemplo, partir subindo numa cadeira e saltar para dentro de um aro no chão, subir a barra de equilíbrio e pular sobre um colchonete, subir em uma mesa e descer pisando em cubos etc. As crianças em fila percorrerão com muito cuidado o percurso, uma por vez, primeiro lentamente e depois cada vez mais rápido. Repete-se várias vezes.

23 De olho na cor

Idade recomendada: 5-8 anos
Objetivo: Reforçar agilidade e destreza
Dificuldade: 🖐 🖐 🖐
Materiais: Gizes coloridos, papelões coloridos, canetinhas hidrocor, fita adesiva
Tempo: 1 hora

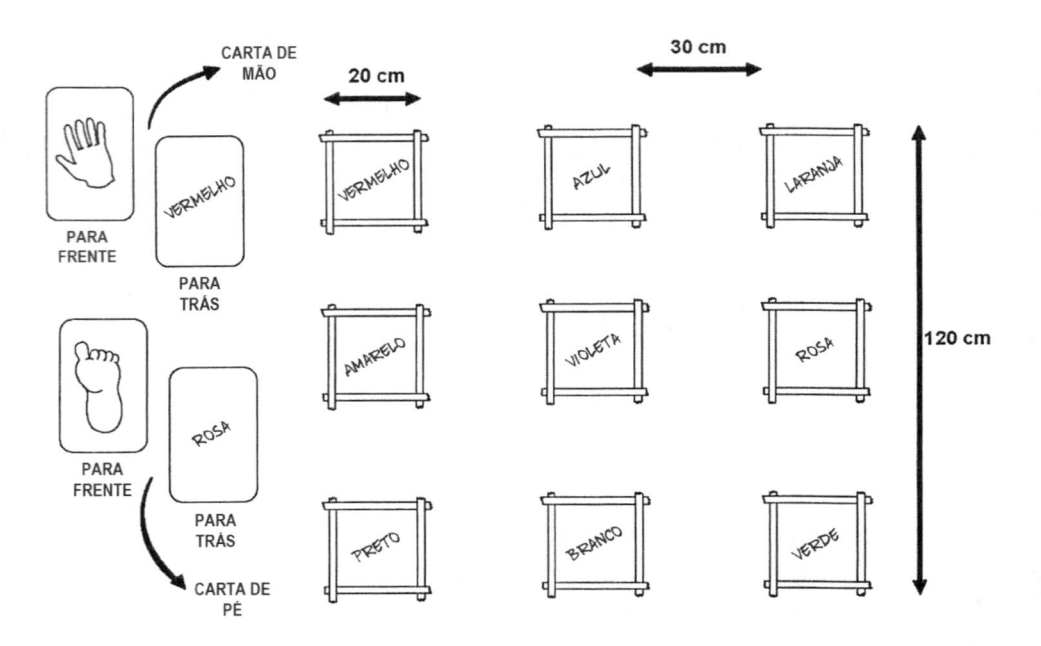

Desenvolvimento

O educador prepara o espaço-jogo com gizes coloridos ou papelão. Deverá desenhar ou recortar os quadrados (confira a ilustração) fixando-os com fita adesiva no chão. Depois, prepara cartas com as cores correspondentes aos quadrados do espaço-jogo. Um maço onde será representado o pé e um maço com as mãos. Em seguida passa à explicação das regras do jogo: podem jogar apenas três ou quatro crianças de cada vez. Para cada uma será pescada uma carta MÃO e uma carta PÉ e cada uma na sua vez se moverá sobre o espaço-jogo depois de identificar suas cores. Deverá apoiar uma mão na cor indicada pela carta (por exemplo: mão no vermelho) e um pé na cor indicada na segunda carta. A criança é quem escolhe se usa a mão e o pé esquerdos ou direitos para apoiar no quadrado das cores indicadas pelas cartas, conforme a posição em que se encontra. O importante é que tenha dois apoios nas caselas coloridas indicadas (a mão e o pé restantes ficam apoiados fora das caselas). À medida que o educador pesca as cartas, as crianças precisam decidir quais novas posições adotar para alcançar suas cores. Para passar de uma posição para outra, porém, deverão manter sempre dois apoios nas caselas. A partida termina quando a primeira criança cai ou não consegue mais alcançar as posições indicadas pelas cartas.

24 Os malabaristas

Idade recomendada: 5-8 anos
Objetivo: Adquirir coordenação dos olhos e das mãos
Dificuldade: 🖐 🖐 🖐
Materiais: Bolinhas de tênis ou de borracha, pequenas
Tempo: 20 minutos

Desenvolvimento

O educador entrega a cada criança uma bolinha de tênis ou de borracha macia e as convida a fazer exercícios individuais com elas. Depois lhes diz: "Sabem como os malabaristas conseguem se tornar tão habilidosos? Eles começam com exercícios simples como esses e os repetem centenas de vezes!" O primeiro exercício que faremos será lançar a bolinha para cima com uma mão e apará-la com a mesma mão. O lance deve ser feito reto para cima e não muito mais alto do que sua cabeça. Experimentem, depois, com a outra mão. O educador convida as crianças a observar o seguinte: "Vocês perceberam a diferença que há entre as duas mãos? Por que será?"

Em seguida, pode-se passar a bolinha de uma mão para a outra. Os maiores poderão realizar uma parábola com a bolinha na altura de sua cabeça: a eles também se pode solicitar que realizem o exercício com duas bolinhas, alternando as mãos.

25 Olho na bola

Idade recomendada: 4-8 anos
Objetivo: Melhorar destreza e equilíbrio
Dificuldade: 🖐 🖐
Materiais: Bola ou bolinha, aros
Tempo: 30 minutos

Desenvolvimento
Colocam-se quatro aros no chão, com quatro crianças dentro, em pé, prontas para jogar; as outras participantes aguardarão sua vez sentadas dos lados.
O educador atira a bola às crianças que, por sua vez, deverão agarrá-la sem sair do círculo. Quando uma criança a pega a devolve ao educador à sua frente, que a lançará a outra criança e assim por diante. Cada vez que uma criança sai do jogo por não pegar a bola ou pisar fora do aro, outra criança entra em seu lugar.

26 Desvia da bola!

Idade recomendada: 4-8 anos
Objetivo: Melhorar agilidade e reflexos
Dificuldade: 🖐 🖐
Materiais: Bolinhas leves e macias, recipiente, fita adesiva
Tempo: 30 minutos

Desenvolvimento

Desenha-se um quadrado no chão com a fita adesiva com aproximadamente 2m de lado, e se coloca as crianças dentro dele, de três em três.

O educador coloca à disposição um grande recipiente com muitas bolinhas leves e macias, de espuma ou um tecido macio. As crianças de fora do quadrado devem lançar bolinhas para atingir os alvos dentro do quadrado, isto é, os três colegas.

As crianças-alvo devem desviar-se das bolinhas movendo-se apenas dentro do quadrado: se uma delas é atingida é substituída por uma das crianças de fora e se recomeça.

27 Em zigue-zague

Idade recomendada: 4-6 anos
Objetivo: Adquirir capacidade de dosar a energia e a direção dos movimentos
Dificuldade: ✋ ✋
Materiais: Giz, fita adesiva, bastões, bolinhas
Tempo: 30 minutos

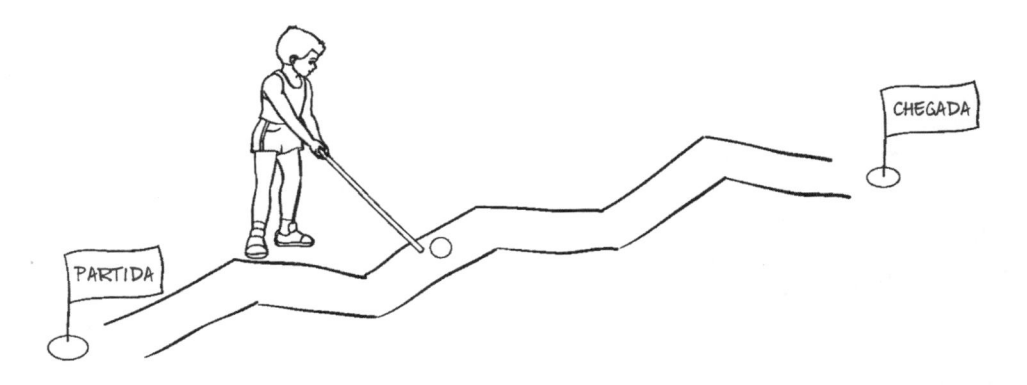

Desenvolvimento
O educador traça no chão, com giz, barbante ou fita adesiva, um percurso em zigue-zague, feito de linhas quebradas e paralelas consecutivas. As crianças ficam em fila: a primeira terá à disposição uma bolinha e um bastão de madeira. O educador dá o sinal e parte a primeira criança, que deverá empurrar com o bastão a bolinha até o ponto de chegada. A bolinha não deve sair do percurso traçado, caso contrário se recomeça.

Quando a criança chega ao fim sem errar, corre para devolver o bastão e a bolinha ao companheiro seguinte, e assim por diante, até que todos os participantes tenham realizado o jogo ao menos duas vezes.

28 Percurso de dupla

Idade recomendada: 5-8 anos
Objetivo: Reforçar a agilidade, o equilíbrio e a capacidade de adaptação
Dificuldade: ✋ ✋ ✋
Materiais: Aros, mesas, cordas, colchonete, elásticos
Tempo: 20 minutos

Desenvolvimento

O educador organiza um percurso para ser realizado em duplas, formado por: duas filas de aros paralelos, uma mesa larga, duas cordas e um colchonete macio. Formam-se as duplas de crianças, que serão amarradas uma à outra pelo pulso com um elástico ou lenço: a dupla deverá percorrer junta todo o trajeto, até o ponto de chegada. Movendo-se simultaneamente, devem prestar atenção no movimento uma da outra: saltar dentro dos aros ao mesmo tempo, agachar-se por baixo da mesa, caminhar em cima das cordas e pular no colchonete. O jogo termina quando todas as duplas tiverem realizado bem o percurso.

29 Jogo aquático

Idade recomendada: 5-8 anos
Objetivo: Melhorar destreza e coordenação
Dificuldade: 🖐 🖐 🖐
Materiais: Recipientes de plástico transparente, baldes grandes de plástico, copos, materiais para servir de obstáculos
Tempo: 30 minutos

Desenvolvimento

Este jogo deve ser realizado preferencialmente em um espaço aberto, onde se construirão dois percursos com obstáculos diversos (cadeiras, pinos etc.); no final de cada um devem ser colocados recipientes grandes e transparentes vazios e, no começo, um balde cheio de água. O educador divide os participantes em dois times e entrega aos primeiros da fila dois copos de plástico para cada um (um copo para cada mão). Ao sinal, os dois partem para iniciar o percurso, depois de ter enchido seu copo de água. O recipiente cheio de água e o vazio devem estar à mesma distância nos dois percursos. As crianças devem fazer *slalom* entre os obstáculos do seu percurso segurando o copo com água nas mãos. Quanto mais água cair do copo, menos se encherá o recipiente final onde devem derramar a água do seu copo; depois, correrão até a criança seguinte na fila, a quem entregarão os dois copos. Assim por diante até que o último da fila tenha terminado o percurso. Vence a disputa o time que tiver o recipiente final mais cheio.

30 A colheita

Idade recomendada: 5-6 anos
Objetivo: Reforçar a coordenação e o equilíbrio motor
Dificuldade: 🖐 🖐 🖐
Materiais: Mesas de madeira, frutos secos, cesto ou sacola
Tempo: 20 minutos

Desenvolvimento
O educador coloca diversas pranchas de madeira espalhadas por terra, preferentemente sobre a grama ou em um espaço aberto bem amplo. Depois, espalha pelo chão uma quantidade de frutas ou outros materiais que os substituam, mais ou menos afastados das pranchetas; entrega um cesto (ou sacola) a cada criança: em seguida, explica as regras da colheita e começa o jogo. As crianças, ao sinal, deverão partir juntas e caminhar sobre as pranchetas, recolhendo quantas frutas conseguirem para encher o próprio cesto ou sacola. Quem sair do percurso ou pisar fora, mesmo que com um só pé, deve esvaziar sua cesta e recomeçar do início.
Cada criança deve ser hábil para escolher a direção a tomar sobre as pranchas, analisando onde há mais disponibilidade de frutos próximos. Vence quem tiver recolhido mais frutas ao final.

Percursos psicomotores

Esta área compreende trinta percursos divertidos, aptos a reforçar os esquemas motores e as habilidades alcançadas nas áreas precedentes. A execução de um único percurso sempre compreende mais de um objetivo, entre eles: capacidade sensorial, coordenação geral, equilíbrio estático e dinâmico, elevação, destreza, orientação espacial, velocidade, lateralidade, prontidão de reflexos.

Os percursos, de fato, podem ser realizados para verificar os níveis alcançados pelas crianças por meio dos exercícios precedentes, mas são úteis também como jogos com fim em si mesmos.

Alguns percursos são divididos por grupos, como os "percursos com objeto" ou os "percursos fantásticos ou de equipe", cada um deles com sua própria finalidade e modo de realizar. Nos "percursos fantásticos" a criança, imaginando encontrar-se em ambientes diferentes, encara as ações e atividades com maior carga emotiva. Nos "percursos de equipe" se estimula a dar o máximo de si pela vitória do seu grupo. Nos "percursos individuais" a criança aprenderá a colocar-se no jogo, melhorando a confiança em si mesma e a autodeterminação. Caberá ao educador saber dar maior importância ao aspecto lúdico e divertido do jogo do que ao aspecto agonístico, que poderia, talvez, trazer alguma frustração para as crianças menos capacitadas.

Cada criança deve ter a possibilidade (nos percursos mais complexos) de ensaiar ao menos uma vez o percurso, para compreender bem cada passagem e sentir-se segura. Os percursos ocupam todo o tempo de uma aula, seja pela preparação do espaço e dos materiais, seja pela execução, que pode e deve ser repetida mais vezes.

Em alguns casos são necessários espaços bastante amplos, como ginásios, salões ou jardins, para se obter uma melhor liberdade de movimentos.

No que diz respeito aos materiais a serem utilizados, na falta de apetrechos específicos de ginástica, podem-se utilizar outros materiais (veja parágrafo "Observações úteis sobre os materiais"), na página 12).

Antes de começar um percurso é sempre necessário avaliar o grau de dificuldade. Se não estiver adequado às crianças menores (3-5 anos), geralmente é possível simplificá-lo e adaptá-lo para essa faixa etária. Naturalmente não se pode fazer competições de velocidade e percursos complexos com as crianças menores, que ainda não adquiriram domínio de alguns esquemas motores.

A execução desses percursos deve ser experimentada pela criança como um jogo divertido, onde possa colocar-se à prova com serenidade e vontade de sucesso.

1 Percurso sensorial: olfato

Idade recomendada: 4-8 anos
Objetivo: Desenvolver a capacidade olfativa
Dificuldade: 🖐 🖐 🖐
Materiais: Café, perfume, limão, chocolate em pó, cebola, laranja, lavanda, várias caixinhas, pedaços de gaze, papel, canetinhas
Tempo: 1 hora

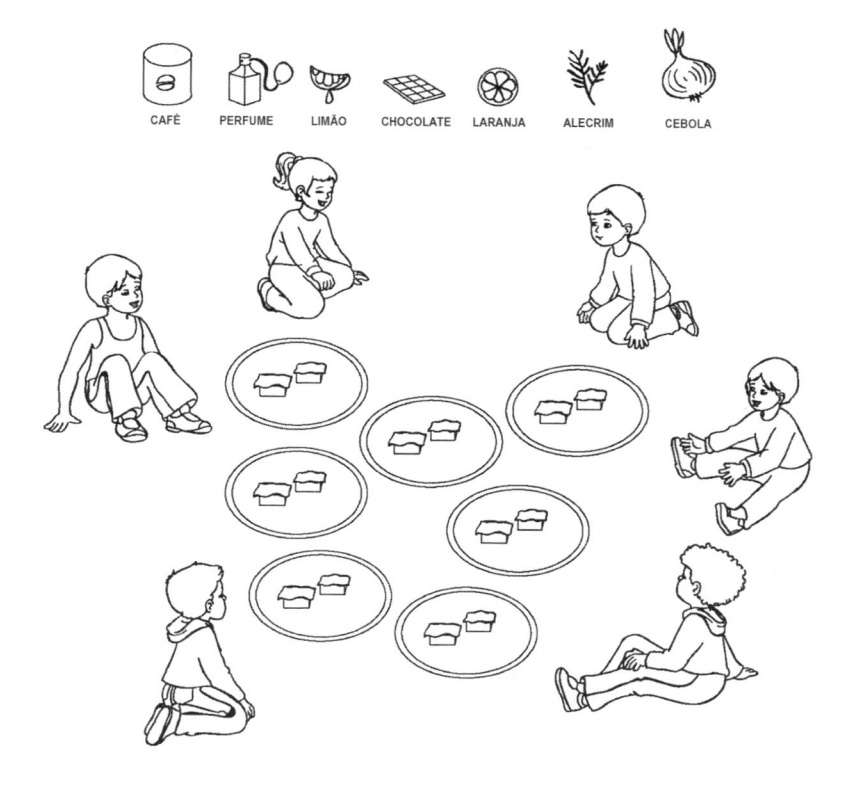

Desenvolvimento
Preparação: organizar em uma cartolina as imagens dos sete odores presentes no jogo (veja a imagem); fazer no chão sete círculos, colocar os odores dentro de caixinhas e cobri-las com gaze, de maneira que deixe exalar o cheiro, mas não possa ser visto o conteúdo. Colocar as caixinhas dentro

dos círculos (dois cheiros diferentes para cada círculo), levando em conta que para cada odor deverão estar presentes duas caixinhas para formar par. Convide então as crianças para sentar-se em volta dos círculos.

Execução: alternadamente, cada criança se levanta, escolhe um recipiente, cheira e informa o odor; depois escolhe outro recipiente e cheira. Se encontra o cheiro certo que forma o par (dois odores iguais), vence e toma o seu par de odores; caso contrário, recoloca as caixinhas de volta no seu lugar e se senta. Assim por diante, na medida em que vão sendo identificados, torna-se mais fácil encontrar os pares certos. Vence quem conseguir pegar mais pares.

2   Percurso sensorial: paladar

Idade recomendada: 4-8 anos
Objetivo: Desenvolver a capacidade gustativa
Dificuldade: 🖐 🖐 🖐
Materiais: Banana, abacaxi, suco de laranja, creme de chocolate, mel, molho de tomate, papel, canetinhas, pinos e obstáculos, túnel, aros, caixas, talheres de plástico
Tempo: 1 hora

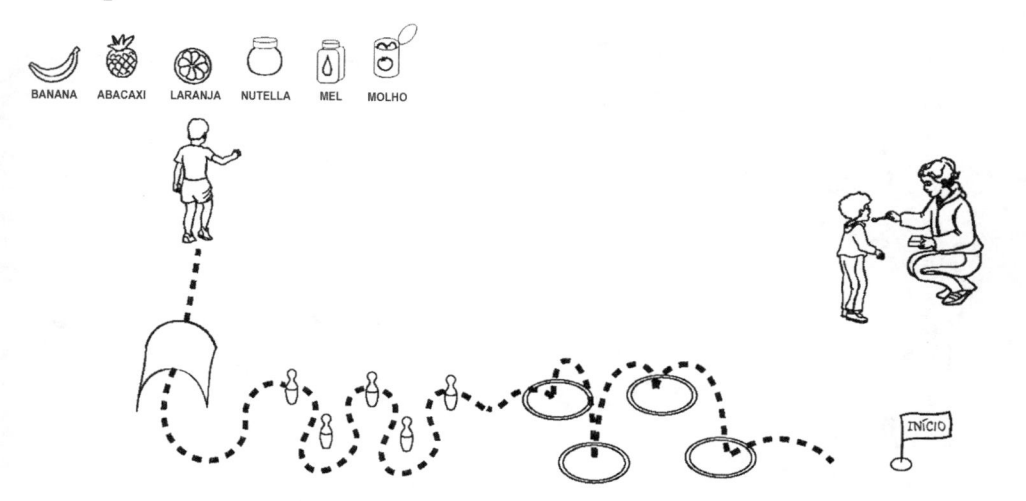

BANANA   ABACAXI   LARANJA   NUTELLA   MEL   MOLHO

INÍCIO

Desenvolvimento

Preparação: dispor em uma cartolina imagens grandes dos seis alimentos e uma tabela com os seis alimentos e os nomes das crianças; construir um percurso com os materiais acima indicados (veja a imagem); depositar os alimentos dentro de pequenos recipientes com talheres de plástico para provar; por fim, colocar as crianças em fila.

Execução: o educador segura na mão o recipiente com o alimento a ser provado (um alimento de cada vez); as crianças devem experimentar o alimento de olhos fechados e depois fazer todo o percurso tocando com a mão a imagem na cartolina que designa o alimento certo, que será revelado no final do jogo. O educador convida as crianças a confiar no seu paladar sem escutar o que dizem os outros. Será dado um ponto para cada alimento adivinhado na tabela. Vence quem adivinha mais alimentos corretamente.

3 Percurso sensorial: a visão

Idade recomendada: 3-6 anos
Objetivo: Desenvolver a capacidade visual
Dificuldade: 🖐
Materiais: Cadeiras, pinos, aros, bastões, gizes coloridos ou papel colorido
Tempo: 30 minutos

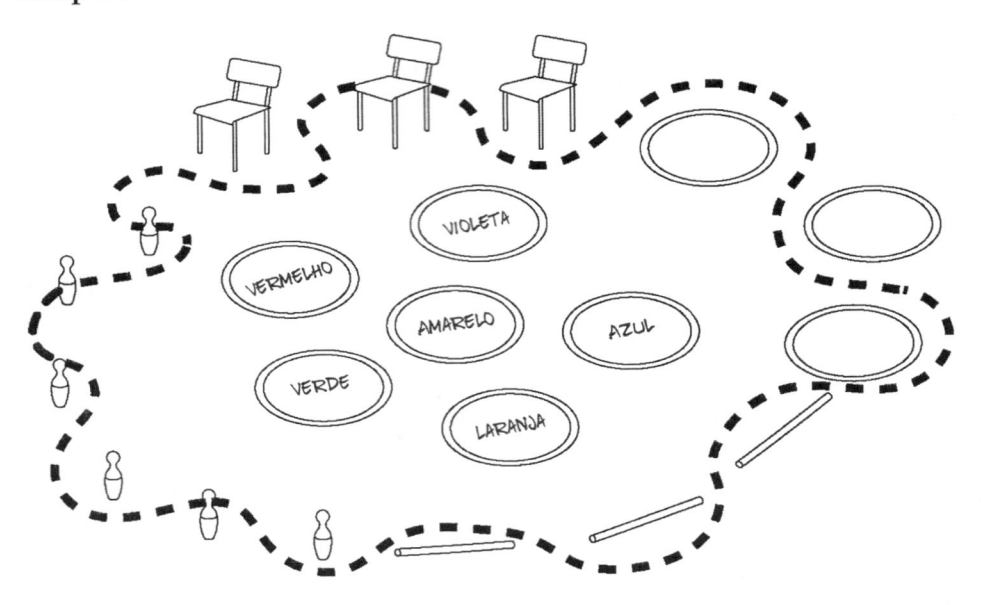

Desenvolvimento

Preparação: criar um circuito com os materiais indicados acima, desenhar ou recortar círculos coloridos (veja a imagem). Com base na idade das crianças, pode-se escolher cores primárias e secundárias.

Execução: convidar as crianças a realizar juntas (em grupos de cinco) o circuito; quando o educador cita um objeto com cores bem-definidas (por exemplo: cereja, sol, laranja) as crianças interrompem o percurso e devem ocupar o círculo correspondente ao objeto citado. Com as crianças de 3 anos se pode dizer o nome das próprias cores. Depois de algumas vezes, quem erra o círculo é eliminado.

4 Percurso sensorial: audição

Idade recomendada: 4-8 anos
Objetivo: Desenvolver a capacidade auditiva
Dificuldade: 🖐 🖐
Materiais: Apito, triângulo, chocalho, tambor, gizes
Tempo: 30 minutos

Desenvolvimento

Preparação: experimentar com as crianças os quatro diferentes sons, para memorizar os ritmos correspondentes a cada um (por exemplo: apito = engatinhar; triângulo = saltar com os pés juntos; chocalho = corrida veloz; tambor = caminhar). Desenhar com o giz no chão uma linha fechada o maior possível.

Execução: convidar as crianças a mover-se por cima do percurso desenhado, no ritmo indicado pelo instrumento sonoro que o educador alternará como quiser: quem erra é eliminado do circuito. Vence quem permanece até o final sem errar.

Idade recomendada: 3-6 anos

Objetivo: Desenvolver a capacidade tátil

Dificuldade: ✌

Materiais: Pedrisco, feijão, areia, farinha, esponja, algodão, papel contact, lixa, papelão, cortiça, papelão ondulado, papel celofane, recipiente de plástico, quatro cestos, papel e cola

Tempo: 75 minutos

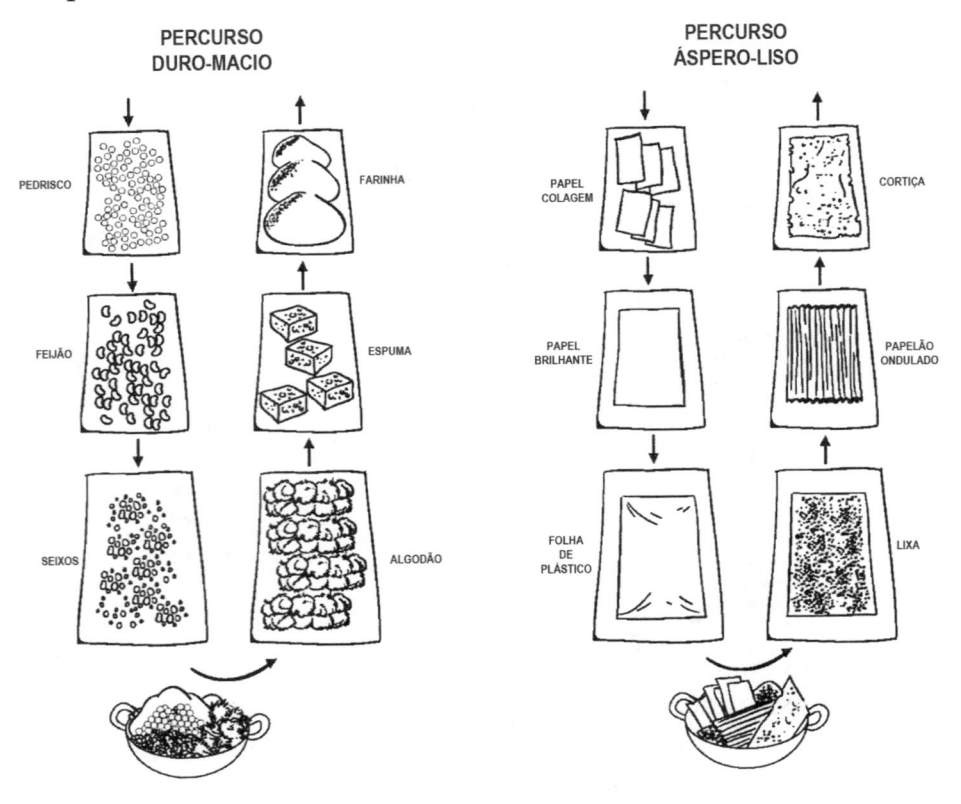

Desenvolvimento

Preparação: organizar dois percursos táteis diversos com os materiais indicados (confira a imagem); preparar duas cestas para cada percurso com pedacinhos do material correspondente. É bom distinguir as características em duas partes para não criar confusão (duro/macio, áspero/liso). *Execução*: as crianças, em fila, deverão caminhar sobre o percurso tátil, uma de cada vez, depois registrar as sensações e verbalizá-las durante uma conversa em grupo. No final de cada percurso poderão recolher os materiais das cestas e realizar colagens sensoriais.

Os maiores podem reproduzir com os materiais o próprio percurso.

6 Percursos fantásticos: a selva

Idade recomendada: 3-6 anos
Objetivo: Reforçar habilidades motoras através do jogo e da imaginação
Dificuldade: ✋
Materiais: Pinos, cubos, cordas, ladrilhos, barra de equilíbrio, túnel
Tempo: 1 hora

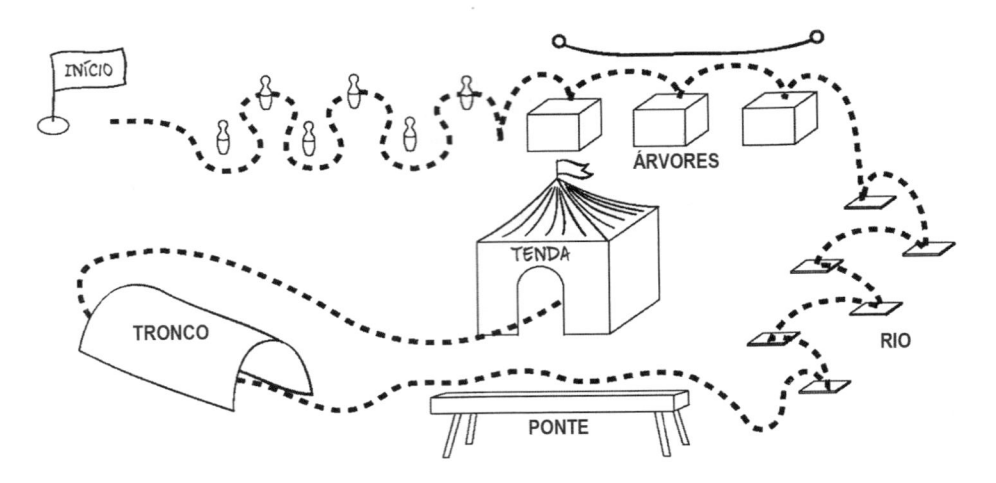

Desenvolvimento

Preparação: construa o percurso como indicado na imagem, mesmo que utilizando materiais diferentes, pois o importante é criar um cenário fantástico (floresta virgem); mostre às crianças o percurso a ser seguido: "Comecem a caminhar na floresta densa; cuidem para não encostar nas plantas venenosas; passem entre as árvores sem esbarrar nos cipós; atravessem o rio das pedras escorregadias, prestem atenção às cobras na água; corram depressa para sua tenda. Vocês estão a salvo!"

Execução: as crianças se põem em fila, mantendo uma adequada distância uma da outra. Devem fazer todo o percurso imaginando que estivessem na selva e devessem enfrentar inesperados perigos. As ações motoras são as seguintes: correr em *slalom*, caminhar equilibrando-se por cima de cubos apoiando-se na corda horizontal, caminhar pisando apenas em pontos predefinidos, e, equilibrando-se sobre um banco, arrastar-se, e finalmente correr velozmente até o ponto de chegada.

7 Percursos fantásticos: o mar

Idade recomendada: 4-6 anos
Objetivo: Reforçar habilidades motoras através do jogo e da imaginação
Dificuldade: 🖐 🖐
Materiais: Cubos, colchão, aros, pinos, cesta de basquete, obstáculos
Tempo: 1 hora

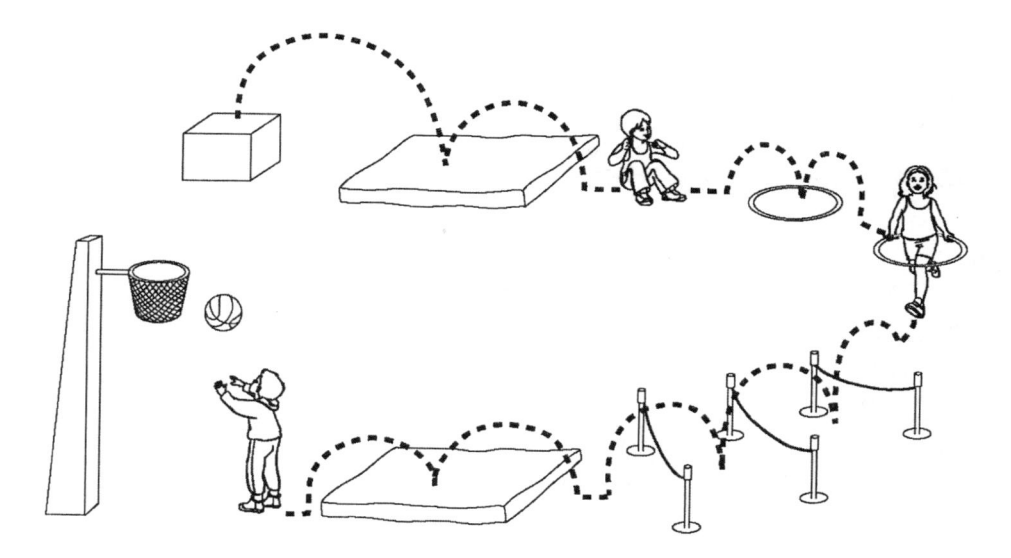

Desenvolvimento

Preparação: organize o percurso com o material indicado (veja a imagem); crie o contexto conversando com as crianças, convidando-as a lembrar de todas as ações que se podem realizar no mar (como, por exemplo, nadar, mergulhar, brincar com uma bola); mostre o percurso imaginário: "Subir no trampolim e atirar-se na água sem medo, remar até a boia salva-vidas, colocá-la na cintura a saltar sobre as ondas, retirar a boia salva-vidas e nadar até a praia, onde se pode brincar com a bola".

Execução: as crianças em fila e com a devida distância entre si realizarão o percurso até o ponto de chegada, imaginando estar no mar. As ações motoras são as seguintes: subir nos cubos, pular sobre o colchão, imitar o gesto de remar deslizando com a bunda no chão e dobrando e esticando as pernas e os braços para frente, colocar o aro em volta do corpo pela cabeça, saltar os obstáculos, arrastar-se, lançar a bola na cesta.

8 Percursos fantásticos: o bosque

Idade recomendada: 3-6 anos
Objetivo: Reforçar habilidades motoras através do jogo e da imaginação
Dificuldade: ✋
Materiais: Pedras, túnel, ladrilhos, cordas, barra de equilíbrio ou banco, mesas, tenda ou caixas grandes de papelão
Tempo: 1 hora

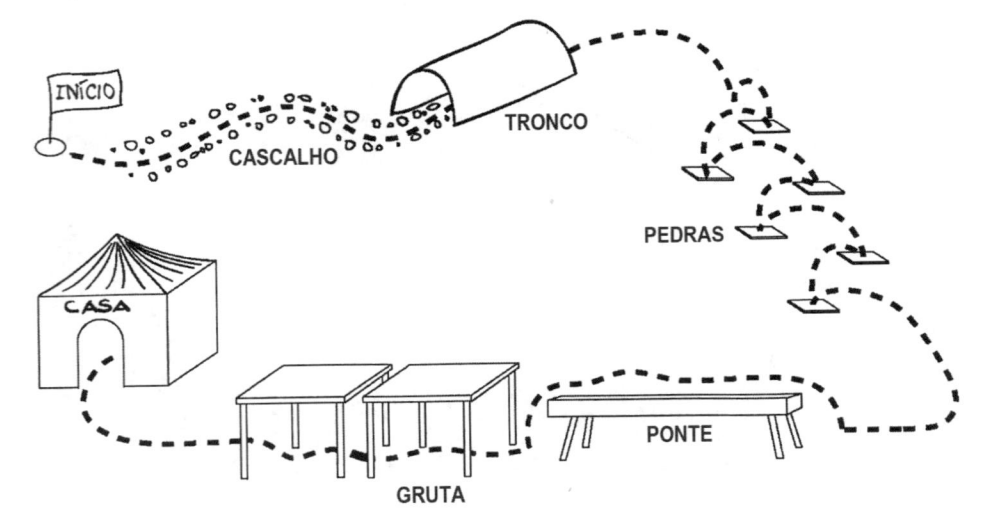

Desenvolvimento

Preparação: organize o percurso com o material indicado (veja a imagem); conte às crianças uma fábula que tenha o bosque como contexto; convide as crianças a inventar uma história observando o percurso; faça com que a narrativa seja acompanhada com a demonstração. Por exemplo: "Vamos encontrar o caminho marcado pelas pedrinhas; aqui está ele, vamos percorrê-lo até o fim, pois nos levará até a cova da toupeira; chegamos... Vamos atravessar o riacho pisando nas pedras com cuidado para não escorregar; agora, vamos sair desse caminho tortuoso etc.

Execução: em grupos de cinco, as crianças farão juntas o percurso caminhando em fila animadas pela narrativa. As ações motoras são as seguintes: correr entre as pedrinhas, arrastar-se no túnel, caminhar por cima de algo (mesinhas, cordas no chão, bancos), engatinhar por baixo das mesas, correr rapidamente até o ponto de chegada.

9 Percursos fantásticos: o cavaleiro

Idade recomendada: 4-6 anos
Objetivo: Reforçar habilidades motoras através do jogo e da imaginação
Dificuldade: 🖐 🖐
Materiais: Bastão, barra de equilíbrio, colchão, fita adesiva, túnel
Tempo: 1 hora

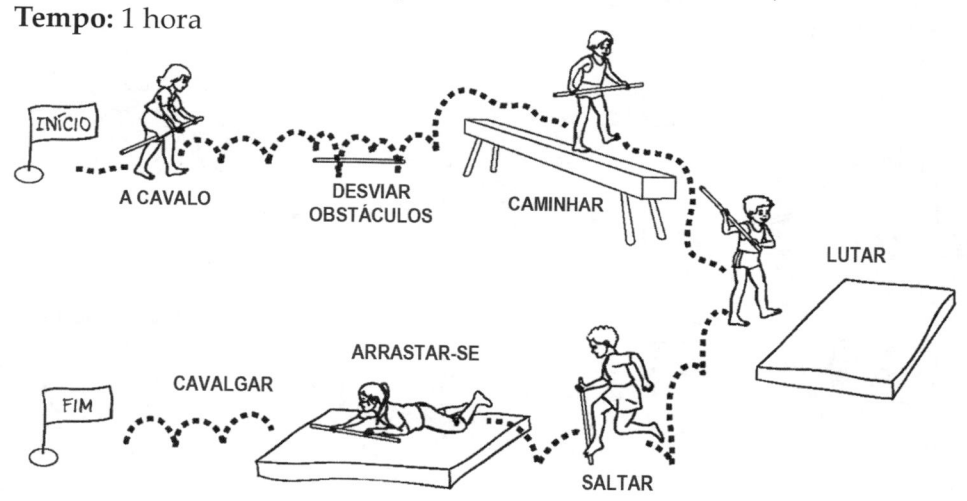

Desenvolvimento

Preparação: organizar o espaço do trajeto marcando sinais no chão e mostrar as ações que devem ser realizadas com bastão; fazer com que imaginem a vida de um cavaleiro e os exercícios que pratica para tornar-se forte e valente, se for o caso, recorrendo a um livro ilustrado. Mostrar o percurso imaginário: "O cavaleiro monta no cavalo e galopa pelos campos, depois faz treinamentos para desviar de obstáculos, caminhar equilibrado em alturas surpreendentes, e ainda para combater dragões, dar saltos acrobáticos, mover-se sem ser percebido pelo inimigo. Por fim, cavalga novamente de volta ao seu castelo".

Execução: uma criança de cada vez inicia o percurso guiada pela voz do educador que animará todas as suas ações. As ações motoras são as seguintes: saltar montado a cavalo no bastão, pular para a direita e para a esquerda sobre o bastão apoiado no chão, caminhar sobre a barra de equilíbrio utilizando o bastão, bater no colchão com o bastão, dar saltos apoiando o bastão no chão, arrastar-se com a barriga no chão e correr velozmente a galope para o ponto de chegada. O bastão deve ser utilizado do começo ao fim em todas as ações.

10 Percursos fantásticos: a fazenda

Idade recomendada: 3-5 anos
Objetivo: Reforçar habilidades motoras através do jogo e da imaginação
Dificuldade: ✋
Materiais: Cartolina, canetinhas ou giz colorido, colchão
Tempo: 1 hora

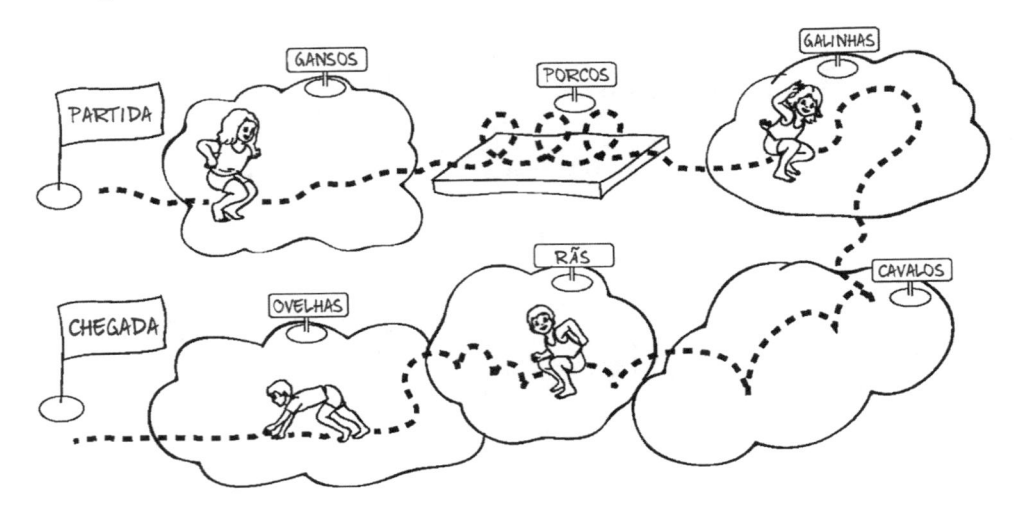

Desenvolvimento

Preparação: confeccione letreiros com cartolina, colocando a imagem dos seis animais da fazenda (veja a imagem), ou, mais simplesmente, desenhe no chão com os gizes coloridos; crie o percurso e faça com que as crianças visualizem as imagens em um livro sobre a fazenda; faça com que as crianças imitem os diversos modos de andar dos bichos respectivos.

Execução: as crianças em fila, uma depois da outra, fazem o percurso passando de uma área a outra, imitando os modos de andar correspondentes aos bichos indicados, ao mesmo tempo em que reproduzem os sons que eles emitem.

As ações motoras são as seguintes: caminhar acocorados agitando os braços dobrados, rolar em cima do colchão, caminhar com as pernas dobradas movendo a cabeça, saltar a galope, saltar de cócoras, caminhar com as mãos e os pés.

11 Percursos com objetos: a bola

Idade recomendada: 5-8 anos
Objetivo: Reforçar habilidade e destreza com o uso de objetos
Dificuldade: 🖐 🖐 🖐
Materiais: Bola, cesta de basquete, fita adesiva, giz, colchonete
Tempo: 1 hora

Desenvolvimento

Preparação: trace um percurso por terra, utilizando os gizes, que deverá ser executado pela bola (veja a imagem). Mostre em cada local as ações que as crianças devem realizar.

Execução: em fila, as crianças realizam as seguintes ações: caminhar lançando para o ar e retomando a bola; caminhar fazendo a bola bater no chão e voltar, lançá-la na cesta (ao menos três tentativas); saltar com a bola entre os tornozelos, rolar no colchão, mantendo a bola nas mãos; correr e, finalmente, lançar a bola na parede e pegá-la de volta ao menos três vezes.

12 Percursos com objetos: o aro

Idade recomendada: 5-8 anos
Objetivo: Reforçar habilidade e destreza com o uso de objetos
Dificuldade: 🖐 🖐 🖐
Materiais: Aros, fita adesiva, porta-guarda-chuva, bastão de madeira
Tempo: 1 hora

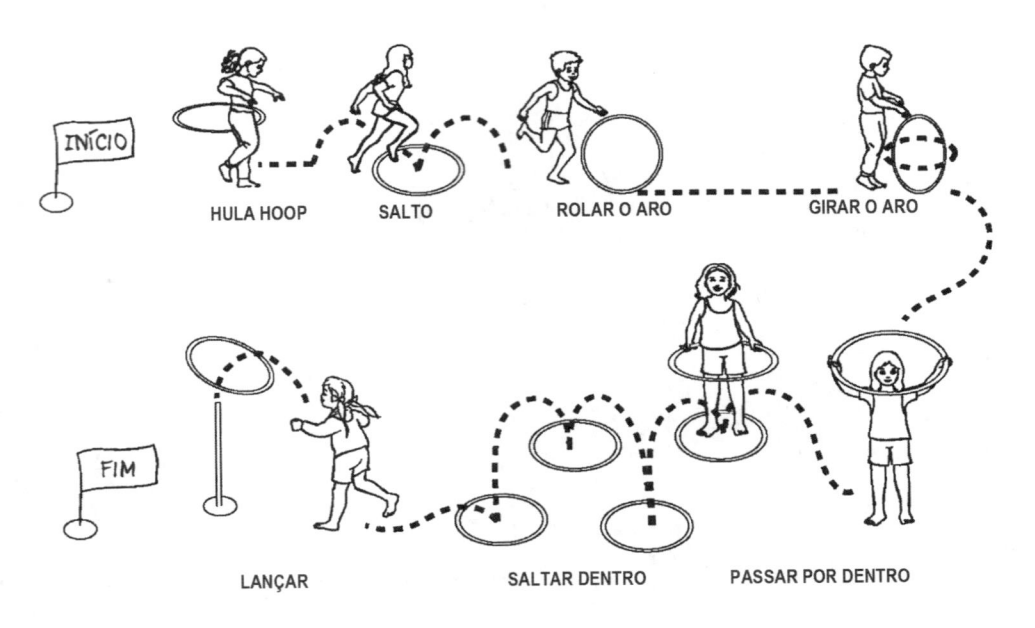

Desenvolvimento

Preparação: monte o percurso (veja a imagem); mostre as ações a serem realizadas com o aro às crianças.

Execução: as crianças em fila escutarão, uma de cada vez, as ações seguintes: empunhar o aro na altura da cintura e fazê-lo girar em volta do próprio corpo; colocá-lo no chão e pular dentro e fora; fazer rolar o aro em cima da linha traçada, correr e retomá-lo sem que caia; girar o aro sobre seu próprio eixo; caminhar passando por dentro do aro (como uma corda para pular; segurar o aro na altura da cintura e pular dentro dos aros no chão; por fim, lançar o aro para acertar no bastão) fixado no porta-guarda-chuvas no ponto de chegada.

Idade recomendada: 4-8 anos
Objetivo: Reforçar habilidade e destreza com o uso de objetos
Dificuldade: 🖐 🖐
Materiais: Bolas de tênis, túnel, travesseiro, aros, colchonete, bastão, latas vazias, bacia ou balde
Tempo: 40 minutos

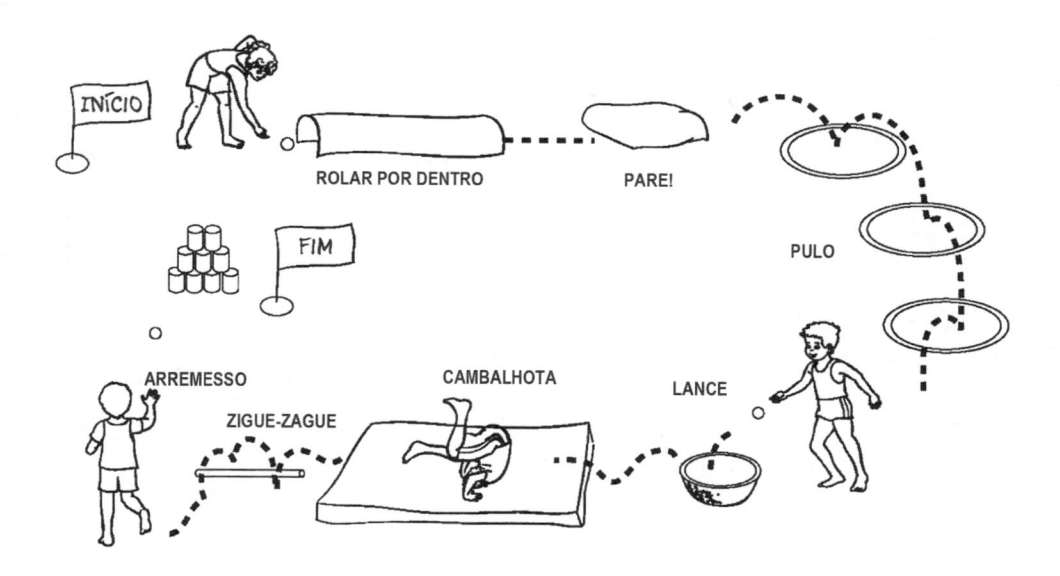

Desenvolvimento

Preparação: organize o percurso (veja a imagem); mostre as ações a serem cumpridas com as bolinhas às crianças.

Execução: as crianças realizam, uma de cada vez, as seguintes ações: atirar as bolinhas por dentro do túnel para que rolem e pegá-las em seguida, do outro lado; pular nos aros, lançá-las dentro da cesta; correr, dar uma cambalhota para frente sem usar as mãos, pular à esquerda e à direita do bastão, depois colocar a bolinha no chão e com o bastão atirá-la sobre as latas empilhadas para fazer um *strike*! A criança deve ter sempre as bolinhas nas mãos durante todo o percurso.

14 Percurso saltitante

Idade recomendada: 4-8 anos
Objetivo: Reforçar a capacidade de elevação
Dificuldade: ✋ ✋
Materiais: Aros, fita adesiva, bolinha, barbante, cadeira, cordinhas
Tempo: 40 minutos

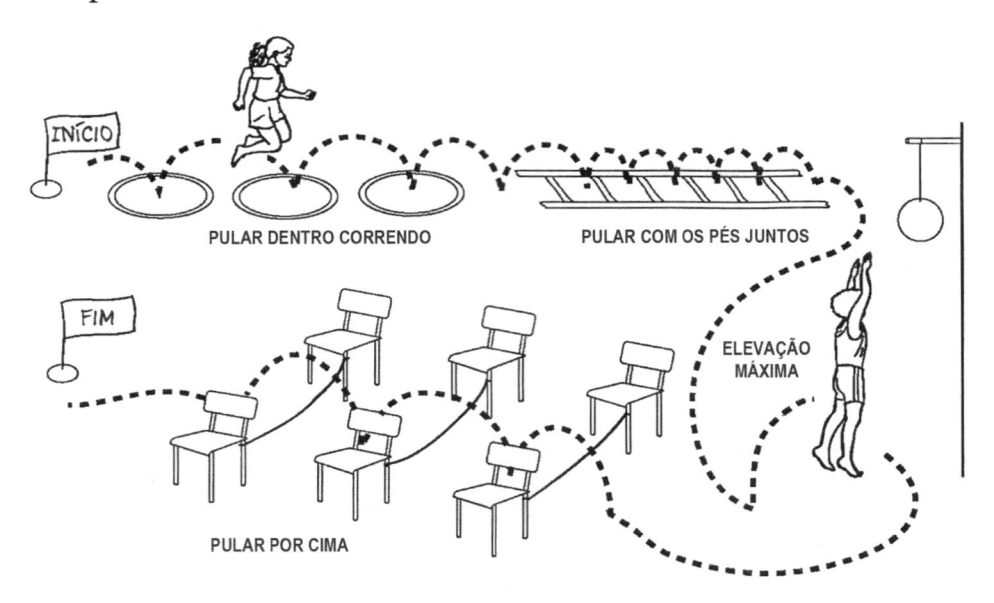

Desenvolvimento

Preparação: disponha o percurso com o material indicado acima; mostre às crianças as ações motoras que devem ser realizadas.

Execução: as crianças em fila realizam o percurso mantendo uma distância adequada uma da outra, com as seguintes ações: pular dentro dos aros no chão; pular com os pés juntos nos "vãos" de uma escada desenhada no chão; dobrar as pernas, esticar-se e dar um salto para o alto para encostar numa bola pendurada; correr rápido e transpor as cordas até a linha de chegada; repete-se o percurso mais vezes sempre mais rápido.

15 Percurso das caixas

Idade recomendada: 3-6 anos
Objetivo: Reforçar a coordenação motora
Dificuldade: 🖐
Materiais: Caixas de sapatos, caixas grandes de papelão, rede de trave de futebol ou outra
Tempo: 40 minutos

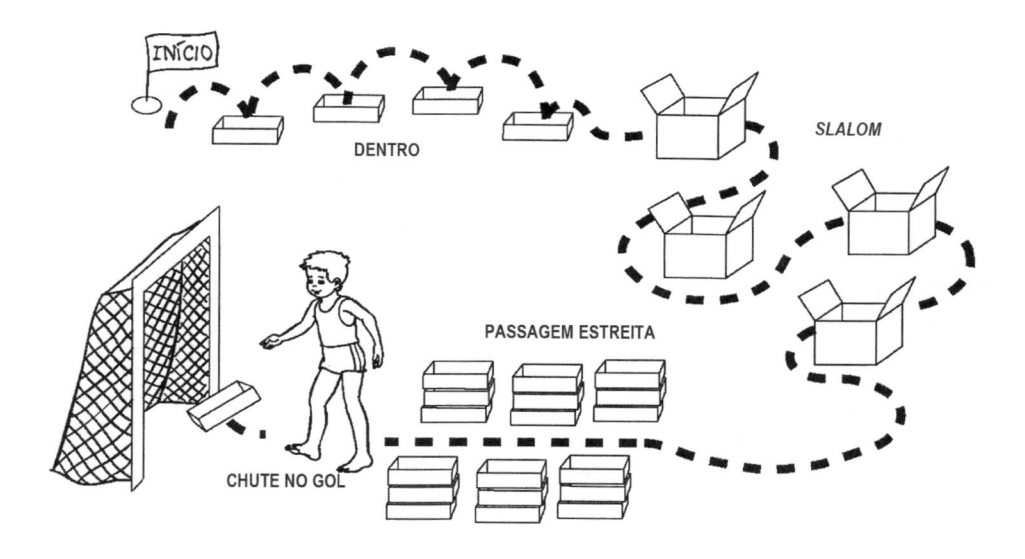

Desenvolvimento

Preparação: providencie o percurso com as caixas usadas, a rede de futebol pode ser desenhada com três tiras de fita adesiva; faça uma demonstração às crianças.

Execução: em fila, as crianças realizam o percurso com a devida distância uma da outra, com as seguintes ações: caminhar pisando dentro das caixas abertas, correr em volta das caixas grandes; passar com cuidado no corredor estreito formado pelas caixas empilhadas; chutar a caixa no gol.

16 Percurso em estações

Idade recomendada: 5-8 anos
Objetivo: Reforçar habilidades motoras diversas
Dificuldade: ✋ ✋ ✋
Materiais: Colchonete, cesta de basquete, cubos, colchão, pinos e bola, corda para pular, barra de equilíbrio, cartolina e canetinhas, apito ou campainha
Tempo: 1 hora

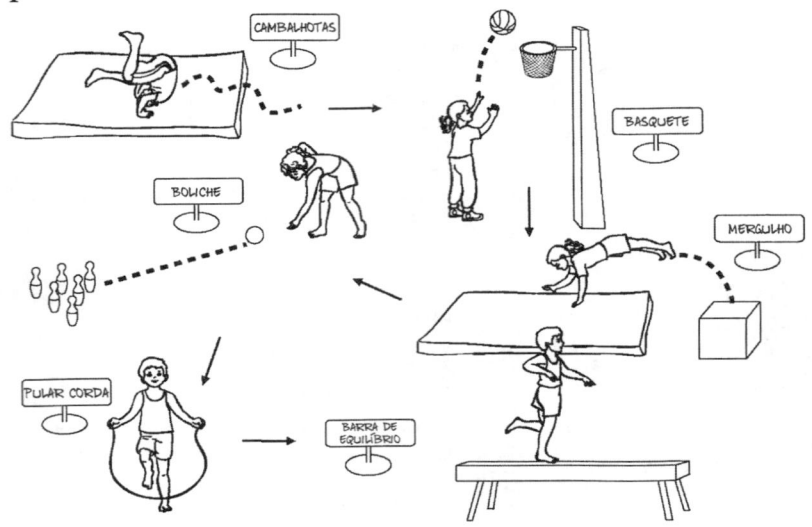

Desenvolvimento

Preparação: organize as áreas-estação com o material indicado (veja imagem), com os letreiros que indicam o nome de cada estação. Por exemplo, Estação "Cambalhota", Estação "Mergulho". Faça uma demonstração para as crianças, explicando as regras do percurso: ao som do apito passa-se à estação seguinte e fica realizando a ação até o próximo sinal, até que todas as atividades tenham sido concluídas.

Execução: as primeiras seis crianças se posicionam nas seis estações (uma em cada estação) e iniciam os exercícios; ao som do apito, correm ao mesmo tempo para a estação seguinte, liberando a estação em que estavam, e assim até passarem por todas. Os exercícios são os seguintes: dar cambalhotas de qualquer tipo, para frente e para trás, com e sem as mãos; lançar a bola na cesta, dar mergulhos no colchão em todas as posições possíveis, jogar boliche, pular corda, exercitar-se na barra de equilíbrio.

17 Percurso "Parou!"

Idade recomendada: 3-6 anos
Objetivo: Desenvolver destreza, reflexos e equilíbrio
Dificuldade: 🖐
Materiais: Ladrilho ou lajotas, cubos, fita adesiva, pinos, colchão
Tempo: 40 minutos

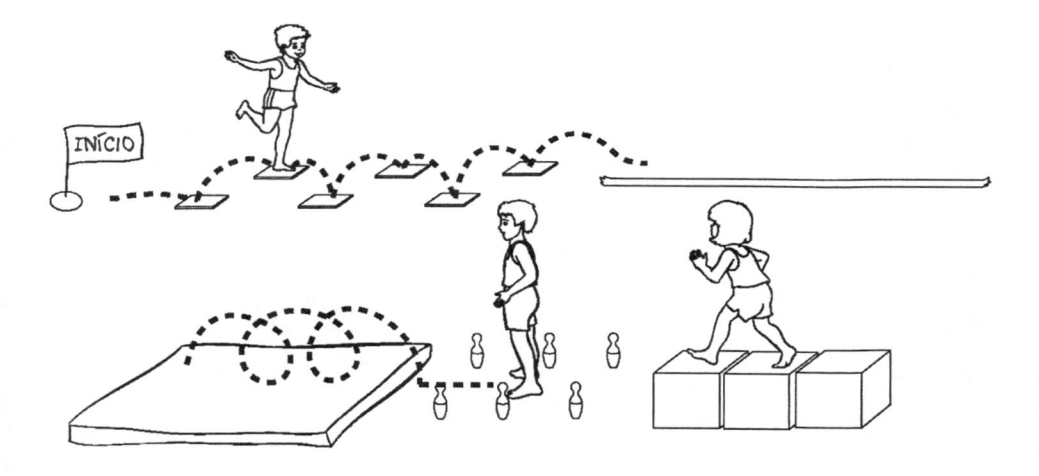

Desenvolvimento

Preparação: disponha o percurso com o material indicado acima e faça uma demonstração das ações que as crianças deverão realizar, explicando as regras.

Execução: em fila, as crianças devem realizar o percurso. O educador faz com que cada criança parta ao sinal de "Vai!", de maneira tal que ao menos três participantes participem por vez, mantendo a devida distância entre si. Ao gritar "Parou!", todos os participantes ficam imóveis como estátuas na posição em que estão, e ao bater palmas prosseguem. O educador deve estar atento para ver se as crianças mantêm o equilíbrio estático e param na hora certa. As ações motoras são as seguintes: passar sobre as lajotas, caminhar na ponta dos pés por cima da linha desenhada com a fita adesiva, caminhar por cima dos cubos, caminhar no meio dos pinos sem fazê-los cair, dar uma cambalhota.

18 Percurso com garrafas

Idade recomendada: 4-6 anos
Objetivo: Reforçar o senso de orientação e a coordenação motora
Dificuldade: 🖐 🖐
Materiais: Garrafas de plástico, areia, mesa, balde de plástico, aros
Tempo: 1 hora

Desenvolvimento

Preparação: disponha em um percurso para *slalom* as garrafas cheias de areia (no mesmo número dos participantes); em seguida, prepare uma mesa com um balde vazio em cima e, por fim, os aros em sequência. Mostre às crianças as ações motoras a serem realizadas.

Execução: as crianças em fila realizarão o percurso uma de cada vez, cumprindo as seguintes ações: a primeira criança pega a primeira garrafa, corre em *slalom* entre as garrafas que estão no chão, passa embaixo da mesa, esvazia a garrafa que tem na mão dentro do cesto e pula nos aros, e por fim coloca a garrafa vazia no mesmo lugar onde estava antes. Parte a segunda criança e pega a segunda garrafa, que também deve ser recolocada vazia na mesma posição depois de cumprido o mesmo percurso, e assim por diante até que todas as garrafas tiverem sido esvaziadas e recolocadas nos seus lugares. A criança deve manter a garrafa nas mãos durante todo o trajeto e as garrafas reposicionadas servem para o *slalom* dos participantes seguintes.

19 Percurso ao contrário

Idade recomendada: 5-8 anos
Objetivo: Desenvolver novos esquemas motores
Dificuldade: 🖐 🖐 🖐
Materiais: Fita adesiva, túnel, colchonete, aros, corda
Tempo: 1 hora

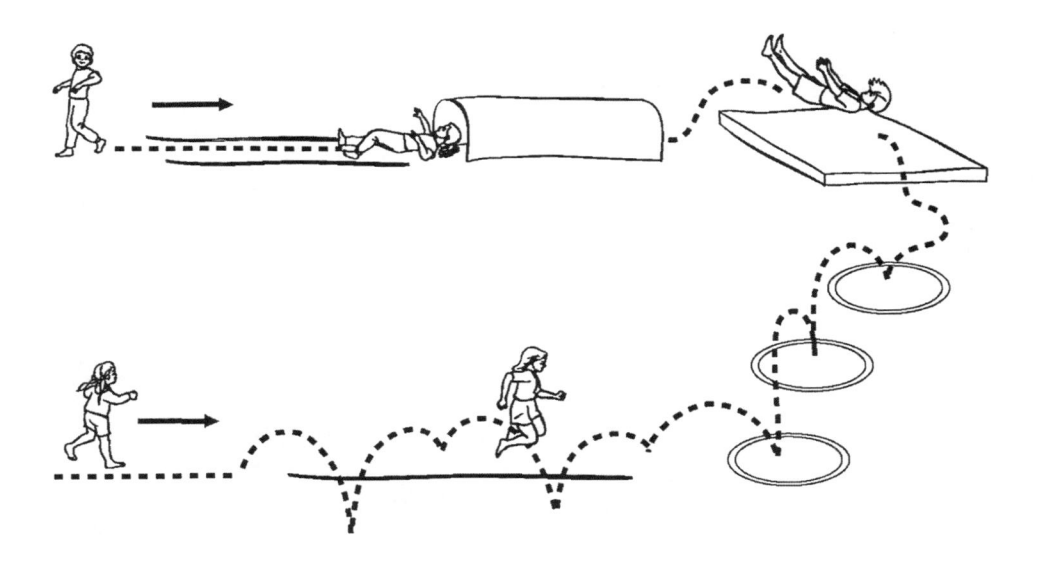

Desenvolvimento

Preparação: trace o percurso conforme a imagem acima, e demonstre como se faz às crianças.

Execução: as crianças em fila realizarão o percurso para trás e para frente, uma de cada vez, de modo que a seguinte comece apenas depois que a primeira tiver terminado. As ações motoras são as seguintes (para trás): correr, arrastar-se, mergulhar, pular nos aros e à direita e à esquerda da corda, correr até a linha de chegada e de novo correr e repetir todas as ações na sequência invertida e ao contrário até o ponto de partida.

Idade recomendada: 4-8 anos
Objetivo: Desenvolver o senso de orientação espacial
Dificuldade: 🖐 🖐
Materiais: Fita elástica, lenço
Tempo: 45 minutos

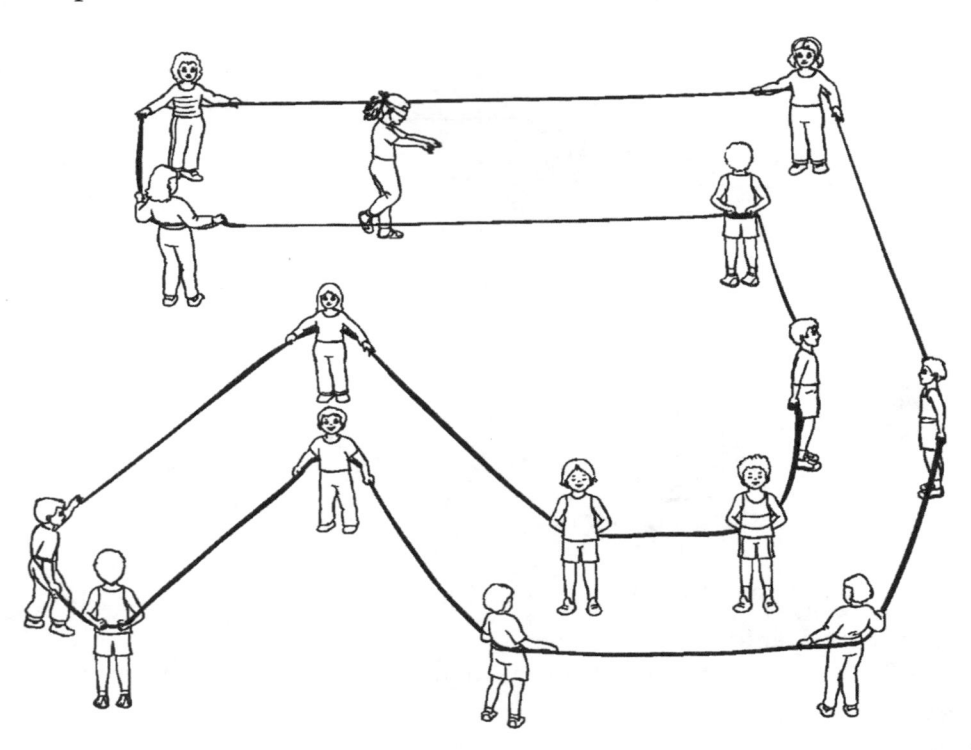

Desenvolvimento

Preparação: forme o percurso como indicado na imagem acima, com a ajuda das crianças e com a fita elástica. As crianças farão a função dos ângulos, segurando a fita em torno da cintura para criar as diversas direções.
Execução: uma criança de cada vez é vendada e começa a caminhar dentro do percurso, tocando o elástico esticado com as mãos, percorrendo-o até o fim. As crianças que estão nos ângulos podem ajudar dando orientações orais ao companheiro que caminha sem nada enxergar.

21 Percursos de equipe: estafeta

Idade recomendada: 5-8 anos
Objetivo: Desenvolver destreza e velocidade
Dificuldade: 🖐 🖐 🖐
Materiais: Aros, pinos, bastões, garrafas *pet* cheias de água ou areia
Tempo: 40 minutos

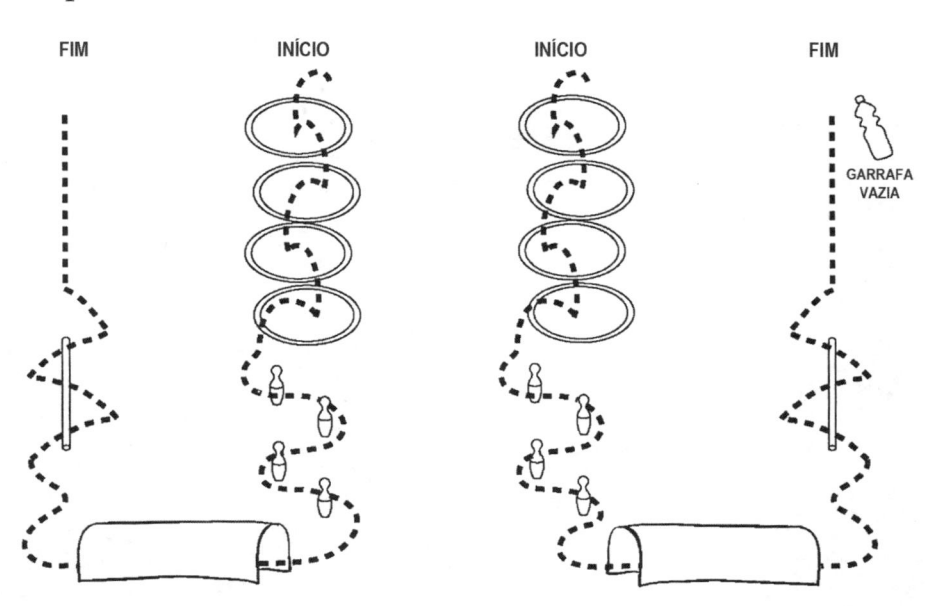

Desenvolvimento

Preparação: trace dois percursos paralelos, como indicado na imagem; divida as crianças em dois times iguais, organize-as em fila, entregue às primeiras da fila a garrafa vazia e explique o jogo.

Execução: partem os primeiros da fila que deverão executar velozmente o percurso, até entregar a garrafa aos companheiros sucessivos, que partem, por sua vez, velozmente, e assim por diante, até que todas as crianças tenham realizado o percurso. Vence a equipe mais rápida. As ações motoras seguintes são, na verdade, simples, mas devem ser executadas em velocidade: saltar nos aros, correr em *slalom* entre os pinos, arrastar-se por baixo do túnel, saltar à direita e à esquerda do bastão e novamente correr.

22 Percursos de equipe: caça às balas

Idade recomendada: 4-6 anos
Objetivo: Desenvolver coordenação e velocidade
Dificuldade: 🖐 🖐
Materiais: Balas embrulhadas, três recipientes grandes, giz, mesa, cadeira, ladrilhos ou placas de madeira, colchonete
Tempo: 1 hora

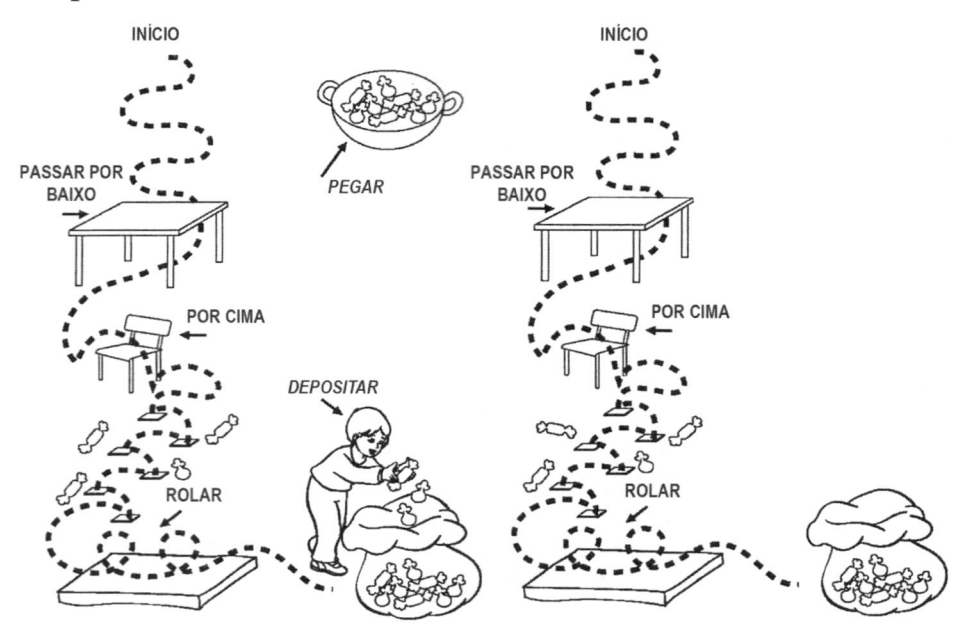

Desenvolvimento

Preparação: organizam-se dois percursos idênticos em termos de material e extensão (veja a imagem); coloca-se, entre os dois percursos, uma cesta cheia de balas e, no final de cada percurso, dois grandes recipientes vazios; as crianças são divididas em dois grupos iguais, formam duas filas e o professor explica o percurso-jogo.

Execução: uma criança por vez tenta pegar o máximo de balas que conseguir carregar nas mãos enquanto realiza o percurso; no ponto de chegada deve depositar todas no recipiente do seu time. As balas que caem no chão durante o trajeto não podem ser ajuntadas. Cada equipe receberá como prêmio as balas do recipiente que tiver enchido.

23 Percursos de equipe: sons e barulhos

Idade recomendada: 5-8 anos
Objetivo: Desenvolver orientação e reflexos
Dificuldade: 🖐 🖐 🖐
Materiais: Apito, molho de chaves, campainha, tesoura grande, pandeiro, chocalho, giz colorido ou fita adesiva, metro
Tempo: 1 hora

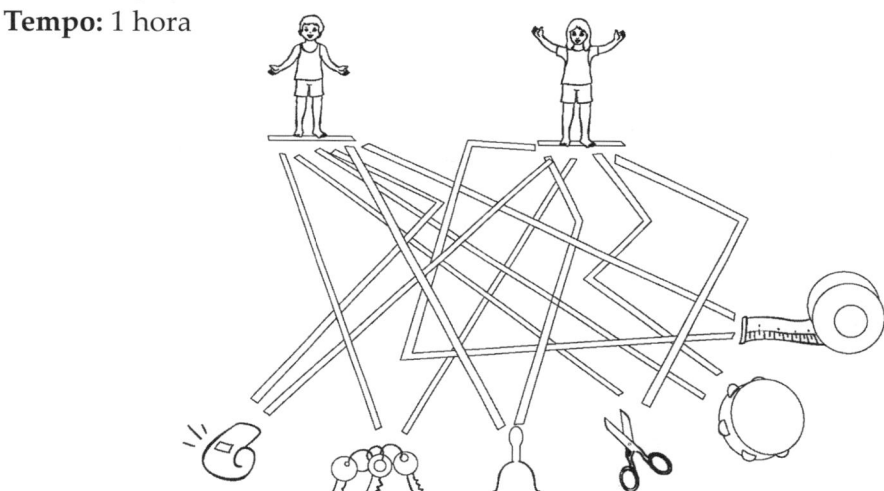

Desenvolvimento

Preparação: o educador dispõe os objetos a certa distância (3-4m); traça duas linhas de partida para os dois grupos de crianças; desenha no chão linhas de fita adesiva colorida (cada cor corresponde a um objeto), e cada linha deverá ser dupla e ter o mesmo cumprimento (da partida até o objeto) até formar um emaranhado de linhas coloridas; divide as crianças em duas filas iguais, dispondo-as na frente da linha de partida; em seguida explica a execução do jogo.

Execução: o jogo começa quando o educador toca um dos seis objetos, não à vista das crianças (basta colocá-lo dentro de um saco ou virar de costas para as crianças); os primeiros das duas filas partem em busca do objeto. Eles devem adivinhar a linha correta para chegar até o objeto em questão depois de reconhecer o som emitido. Se se enganam, devem recomeçar. Quando chegam ao objeto o recolhem, e recebem um ponto para a sua equipe. Cada equipe é composta de seis crianças, o mesmo número de objetos a serem encontrados. Vence a equipe que alcançar a maior pontuação.

Idade recomendada: 5-8 anos
Objetivo: Exercitar a velocidade
Dificuldade: 🖐 🖐 🖐
Materiais: Fita adesiva
Tempo: 30 minutos

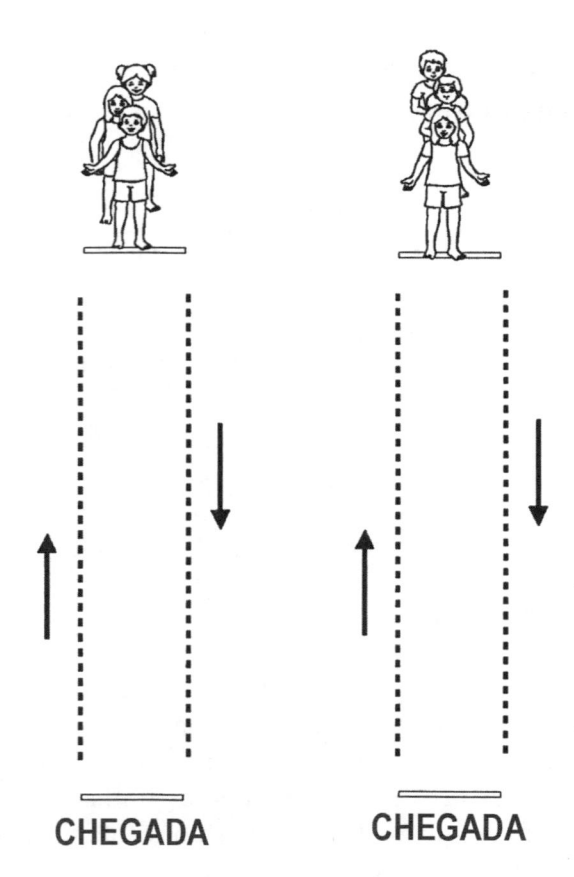

CHEGADA   CHEGADA

Desenvolvimento

Preparação: desenhe uma linha de partida e uma de chegada com a fita adesiva; divida as crianças em duas filas com o mesmo número de participantes, explique as regras para a competição.

Execução: as crianças das duas equipes devem disputar uma corrida de velocidade em duplas (uma de cada equipe); partem as duas primeiras, correm até a linha de chegada, retornam à linha de partida, tocam a mão do colega seguinte que, por sua vez, irá fazer o mesmo, e assim por diante. Vence a equipe mais veloz.

25 Percursos de equipe: corrida para trás e para frente

Idade recomendada: 5-8 anos
Objetivo: Exercitar a velocidade e o senso de orientação
Dificuldade: 🖐 🖐 🖐
Materiais: Fita adesiva
Tempo: 35 minutos

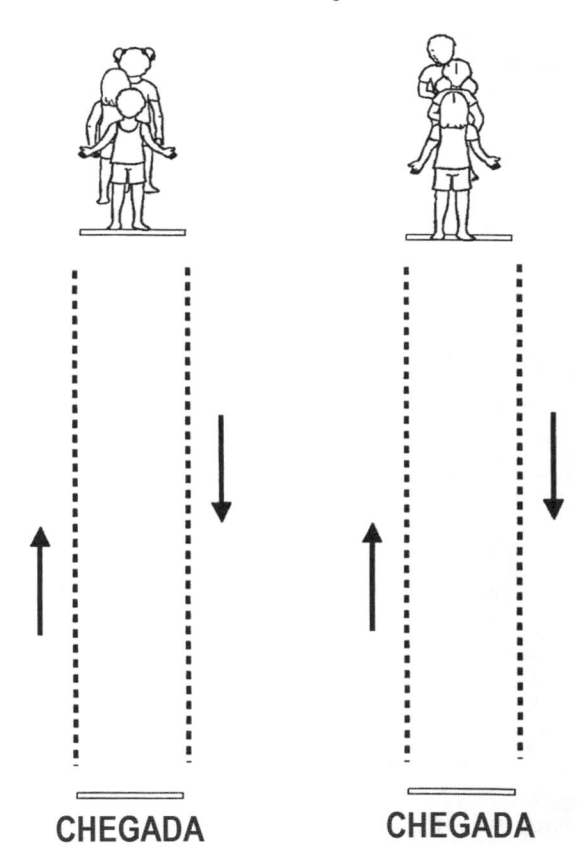

CHEGADA   CHEGADA

Desenvolvimento

Preparação: desenhe uma linha de partida e uma de chegada com a fita adesiva; divida as crianças em duas filas com o mesmo número de participantes; posicione-as de costas na linha de partida e explique como se dará a execução da corrida.

Execução: as crianças das duas equipes devem disputar uma corrida de velocidade em duplas (uma de cada equipe); a ida deve ser correndo de costas e a volta correndo de frente. Tocam a mão do colega seguinte que parte e faz o mesmo, e assim por diante. Vence a equipe mais veloz.

Idade recomendada: 5-8 anos
Objetivo: Reforçar a coordenação e a destreza
Dificuldade: 🖐 🖐 🖐
Materiais: fita adesiva
Tempo: 40 minutos

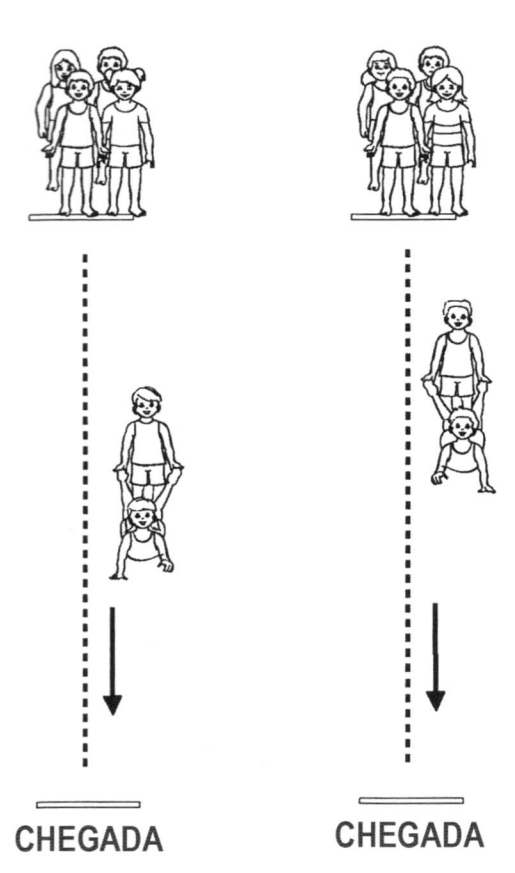

CHEGADA CHEGADA

Desenvolvimento

Preparação: divida as crianças em duas equipes; forme as duplas (uma guia, outra é o carrinho); trace uma linha de partida e uma de chegada. Explique como se faz os movimentos pedindo que realizem ensaios.

Execução: preparam-se as duas primeiras duplas. Ao sinal, partem juntas rumo à linha de chegada. A criança que conduz segura pelos tornozelos a outra que deve caminhar com as mãos, mantendo braços bem esticados e o corpo alongado. Quando as duas duplas retornam ao começo, podem partir as duas duplas sucessivas, e assim por diante. Vence a equipe mais veloz.

27 Percurso de rastejamento: a serpente

Idade recomendada: 3-6 anos
Objetivo: Reforçar a coordenação motora
Dificuldade: 🖐
Materiais: Corda, túnel, giz, pinos, cadeiras
Tempo: 40 minutos

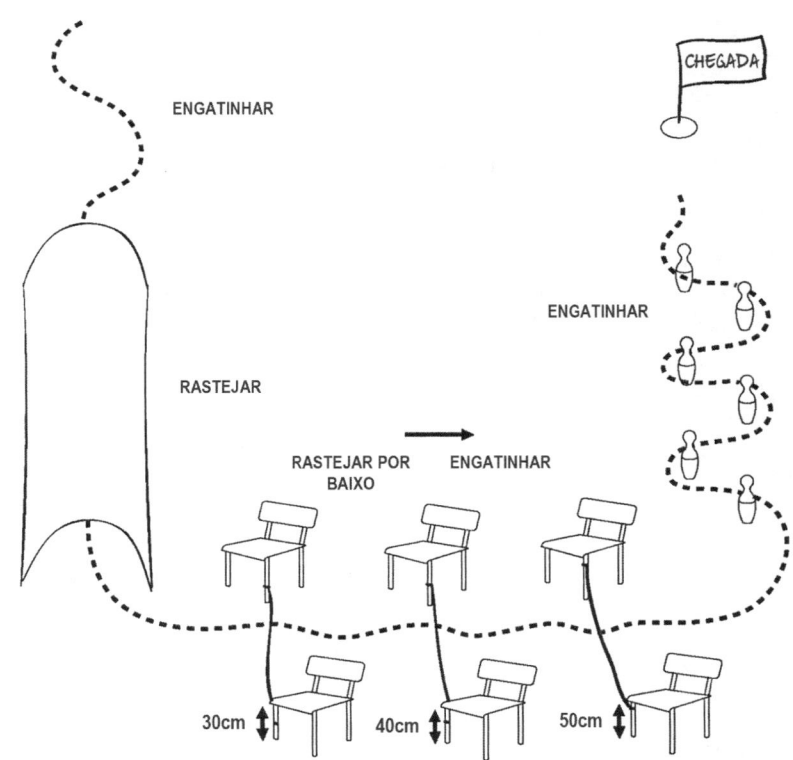

Desenvolvimento

Preparação: organize os materiais (conforme a imagem) para definir o percurso. As cordas para transpor devem estar em altura gradual de 30 a 50cm. Explique a execução do percurso.

Execução: as crianças realizarão o percurso uma depois da outra com a devida distância. As ações motoras são as seguintes: engatinhar pelo caminho ondulado; arrastar-se por baixo do túnel, rastejar e depois engatinhar por baixo das cordas sem tocá-las (senão se mexem as cadeiras); engatinhar entre os pinos sem fazê-los cair.

28 Percurso de rastejamento: barriga pra baixo e ao contrário

Idade recomendada: 4-6 anos
Objetivo: Exercitar esquemas motores diversos
Dificuldade: 🖐 🖐
Materiais: Fita adesiva, giz, túnel, cubos ou caixas de papelão
Tempo: 40 minutos

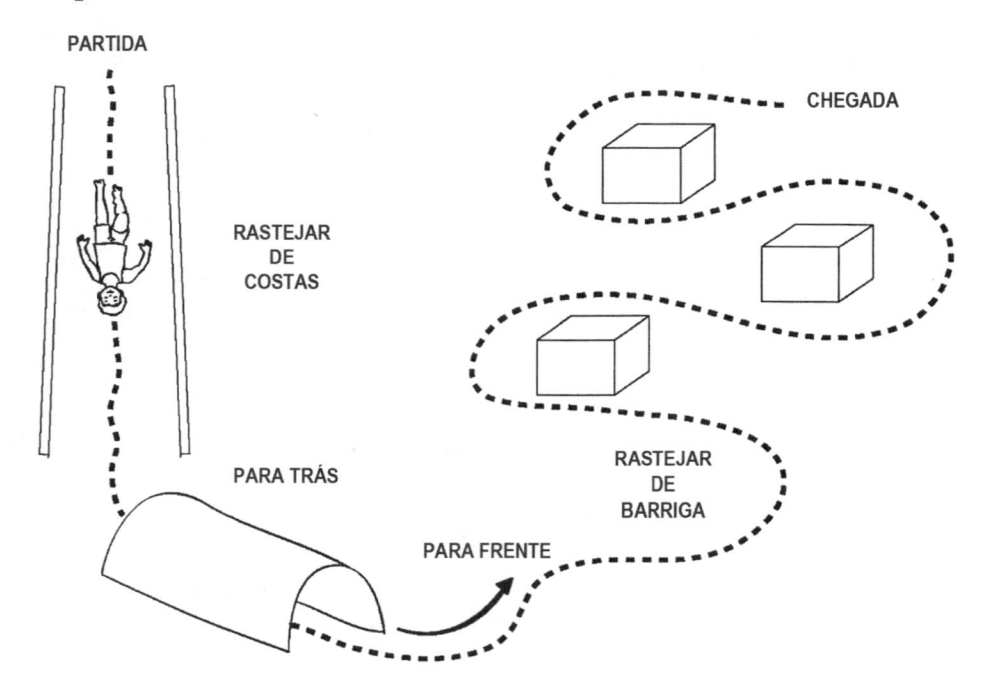

Desenvolvimento

Preparação: monte o percurso com os materiais sugeridos acima (veja a imagem), explique a execução do percurso.

Execução: as crianças realizarão o percurso uma atrás da outra mantendo uma distância adequada. As ações motoras são as seguintes: arrastar-se de costas até sair do túnel; arrastar-se para frente até a chegada. Para arrastar-se de costas as crianças se servirão das pernas dobradas, empurrando-se com os pés; para arrastar-se de frente a barriga deve permanecer sempre em contato com o piso.

29 Percursos de pernas abertas

Idade recomendada: 4-8 anos
Objetivo: Reforçar a lateralidade e a destreza
Dificuldade: 🖐 🖐 🖐
Materiais: Fita adesiva, aros, ladrilhos, bastões, fita elástica
Tempo: 1 hora

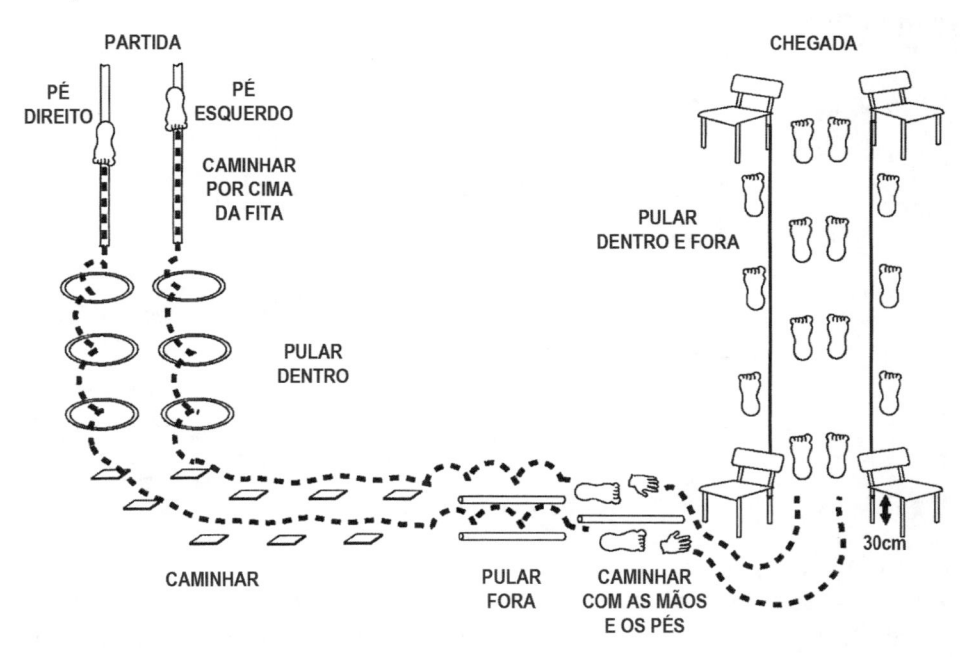

Desenvolvimento

Preparação: organize o percurso com o material sugerido (veja a imagem), levando em consideração as distâncias que podem ser variadas conforme a capacidade e a idade das crianças; mostre a elas o percurso.

Execução: as ações motoras são as seguintes: caminhar por cima da fita adesiva, pular pelos aros apoiando um pé de cada vez (direito/esquerdo; direito/esquerdo), caminhar sobre os ladrilhos, pular com os dois pés pelo lado de fora dos bastões com as pernas abertas, caminhar com as mãos e os pés pelos lados do bastão, saltar com os pés juntos dentro e fora do elástico. A parte direita do percurso será realizada com o pé direito, a da esquerda com o pé esquerdo; cuidado para não cruzar os apoios. Faça com que as crianças executem várias vezes o percurso.

30 Percurso no jardim

Idade recomendada: 5-8 anos
Objetivo: Realizar diversos esquemas motores em velocidade
Dificuldade: 🖐 🖐 🖐
Materiais: Obstáculos, mesa de madeira, tábuas de madeira, ladrilhos, colchonete, aros, bastões ou escada, pinos, túnel, cesta de basquete
Tempo: 90 minutos

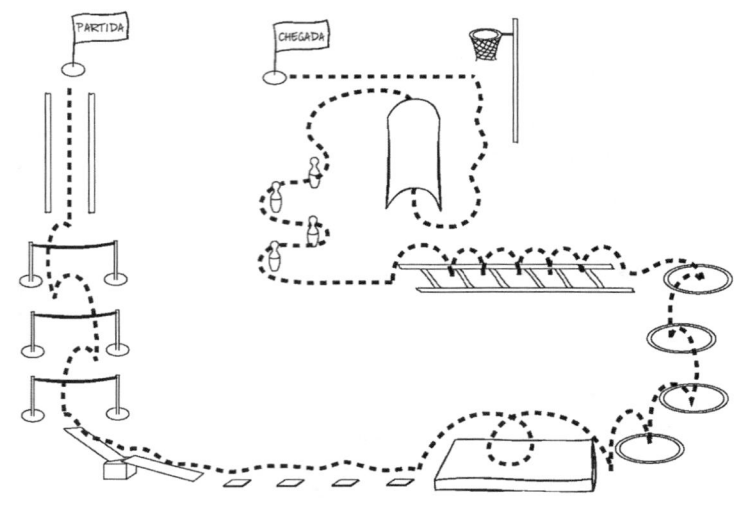

Desenvolvimento

Preparação: monte o percurso utilizando os materiais indicados (veja a imagem); mostre todas as ações motoras às crianças e faça-as treinar ao menos uma vez.

Execução: uma criança de cada vez realiza o percurso da partida até a chegada com a máxima velocidade que consegue, procurando não errar. O educador marcará o tempo da execução considerando para cada erro mais um segundo. Vence quem obtiver o menor tempo. Por exemplo: 30 segundos (tempo empregado) + 3 segundos (três erros cometidos) = 33 (total de pontos). As ações motoras são as seguintes: correr em velocidade; saltar os obstáculos correndo; caminhar sobre as tábuas e sobre os ladrilhos, dar uma cambalhota, saltar com os pés juntos dentro dos aros; saltar entre os degraus da escada de bastões; correr em *slalom* entre os pinos; saltar com um pé só até o túnel, arrastar-se por baixo do túnel, correr, lançar a bola na cesta (três tentativas); correr em velocidade até a linha de chegada.

Conecte-se conosco:

f facebook.com/editoravozes

⊙ @editoravozes

𝕏 @editora_vozes

▶ youtube.com/editoravozes

☎ +55 24 2233-9033

www.vozes.com.br

Conheça nossas lojas:

www.livrariavozes.com.br

Belo Horizonte – Brasília – Campinas – Cuiabá – Curitiba
Fortaleza – Juiz de Fora – Petrópolis – Recife – São Paulo

EDITORA VOZES

— VOZES —
NOBILIS

Vozes de Bolso

Vozes Acadêmica

EDITORA VOZES LTDA.
Rua Frei Luís, 100 – Centro – Cep 25689-900 – Petrópolis, RJ
Tel.: (24) 2233-9000 – E-mail: vendas@vozes.com.br